光らせる人が光る人

みんなが幸せになれるご機嫌な法則

ソウルサーファー
香取貴信

内外出版社

はじめに
僕がこの本を書きたかったいちばんの理由

みなさん、こんにちは!! 香取貴信です。どうぞよろしく〜!!

そんな書き出しから始めた僕の処女作『**社会人として大切なことはみんなディズニーランドで教わった**』(新装版・あさ出版刊)を世の中に出していただいてから、早いものでちょうど20年が経ちました。

おかげさまで、ほんとうにたくさんの人たちが読んでくださって、講演の場に呼ばれたり、コンサルタントとして経営の、特にマネジメントのお手伝いだけじゃなく、社員研修や人材教育の場に関わることができたりと、仕事の幅も広がりました。たくさんの人たちとのご縁や出会いも数えきれず。毎日が学びと実践の連続で、慌ただしく時間が過ぎていきました。

そんな日々を送りながらも、心の中ではずっと同じ問いが巡っていました。

「いったい自分は何者なんだろう？　何ができる人間なんだろう？」

決して安直な自分探しではありません。**自分の役割**、僕にできるほんとうのことって何なのかなって考えたのです。その答えを出すためには、30代から40代まで長い長い時間を要しました。

楽しいこともいっぱいありました。それと同じくらい辛いこと、悲しいこともいっぱい味わいました。そんな僕自身もいよいよ50代になって、人生100年時代のちょうど折り返し地点に立っています。まだほんの少しだけですが、見える心の景色の変化にも気づけるようになったと実感しています。

だからこそ、ほんとうに超久しぶりですが1冊の本を書きたくなりました。

書き残しておきたくなったのです。

「ディズニーの香取貴信」も、もちろん正真正銘の僕自身なのですが、年齢を重ねるにつれ、人としての自分、社会の中での自分、新しい時代をつくっていくであろう生きのいい後輩たちと出会ったときの自分とは？……。

それは**本質的な自分の在り方**、と置き換えてもいいかもしれません。

「どんな自分で在りたいのかな？」

そのようなことを考えるようになりました。

日々の業務をこなしながらも事あるごとに思いを馳《は》せてきました。僕は、人様からは、明るくて元気で楽しいイメージのキャラに見えていると思います。もちろん、それも事実で、僕自身そんな自分も大好きなのですが、**「俺って、こんな人間なんだよ。だから、こんな役割があるんだよ」**と語れる言葉を探していた……そんな感じです。そして出てきた結論が、次のようなキーワードだったのです。

「人を応援する人＝人を光らせる人」

どのようにしてそんな結論に至ったのかは、本文に書きましたのでお読みください（笑）。まずは、大前提が、そこ。

では、そんな**「人の応援＝人を光らせる人」**であるためには、どのような自分でいるのが最適なのか……今度は、そんな自問自答が始まりました。本書の著者名の横に、僕は今回、新しい自分のジャンルというか、旗印みたいな意味合いでひとつの言葉を添えました。これは僕の造語です。

「GOKIGENソウルサーファー」

モテたいために17歳で始めてから34年間も続けているサーフィン。今では自分の人生に欠かせない〝**生き方**〟そのものになっています。言い換えればサーファー道。そこを歩いていると己自身も磨かれる一本の「道」です。

そんな道をずっと歩いてきて、先に書いた「自分の役割」を考えたとき、サーフィンをやっているときの自分や、精神状態、そこから教えられたことが、ものの見事にリンクしたわけです。

サーファーとして波と向き合うとき、自分がどんな状態になっているのか。若いときなら言語化できなかった感情も、今の自分なら表現できる！　そんな思いが**現在進行形・香取貴信**のベースになっているんです。

これから10年、20年後の日本。超高齢化や人口の減少、労働力不足、食糧の問題など、愛する我が国の変化は、一般人の僕にだって肌で感じるほどです。社会人の一員として、3人の子どもたちの父親として、危惧《きぐ》することはいっぱいあります。ふだんはちょっとアホキャラな僕でも、さすがに心がざわつきますよね。

だからこそ「**自分は何ができる人間なんだろう？**」っていう自問自答にも重さが増したことも白状しておきましょう。

GOKIGENソウルサーファーとしての自分の在り方。
僕にできる自分の役割への気づき。
そして、日本の未来を案じる1人の人間としての思い。

この3つが、本書の企画の根底に流れています。

「はじめに」の最後に、本書の構成について書いておきます。

プロローグでは、全体の根幹にもつながる「GOKIGENソウルサーファー」に関することを僕の体験からまとめました。これまで講演会やオンラインなどで断片的には話してきたものの、こうして深いところまであらためて書くのは初めてです。本書のタイトルにもある「**光らせる人**」にもつながっていく、今の香取貴信の在り方みたいなものです。

エピソード1「香取、本音で話します」では、〝**人を応援する＝人を光らせる**〟自分に至った出来事を中心にまとめました。自分で体験したことがベースになっていますが、やっぱり人間は、人と人との関わりから磨かれるもの。そこから学べたことを基にしています。

エピソード2「人を光らせるときの心得」では、僕が大切に思うこと、やっていることを、誰もが日常的に活用しながら実践できるよう、できるだけわかりやすく、かつ取り入れやすいように書きました。

エピソード3「ようこそ、ネクストステージへ！」では、最近、僕のプライベートで起きたことを赤裸々に書いています。これからの人生を大きく揺さぶる大事件でしたが、そこから得られた学びは半端なく偉大でした。

エピソード4「光らせる人へ」。僕はこれまで仲間の中で、「すげぇやつがいるよ」って多くの人に知ってほしくて応援させてもらいました。その中でも最初に光らせたいと思った親友のことを、何を、どう応援したのか詳細に書きました。

そして最後の**エピローグ**では、これからの自分について書きました。

超久しぶりに書いたこの本は、ただ読むだけでなく、日々実践的に活用してください。とことん使い倒してください。そして、あなたのまわりの人たちにも勧めるかプレゼントしてください。

「光らせる人」が日本中に増えれば、同時に光る人もいっぱいになります。

そうやってみんなが幸せになれれば、必ず明るくて楽しい未来になるはずです。

ソウルサーファー
香取貴信

いったい自分は
何者なんだろう？
何ができる
人間なんだろう？
いつも自分自身に
質問していた……

どんな自分で
在りたいのかな？

そうだ！
人を応援する人＝
人を光らせる人になろう

そのためには、
いつもご機嫌でいよう！

GOKIGEN
ソウルサーファー
香取貴信、誕生！

【人を光らせる人の心得】

★いつもワクワクする
★自分の機嫌は自分でとる
★見返りを求めない
★自分をさらけ出す
★いつも好奇心が旺盛
★正直である
★アホになる
★ご先祖様を大フィーバー

GOKIGEN SOUL SURFER
Katori Takanobu

光らせる人が光る人【目次】

エピソード1

香取、本音で話します。

Message

エピソード2

人を光らせるときの心得

Message

エピソード3

ようこそ、ネクストステージへ！

Message

エピソード4 光らせる人たちへ

ブックデザイン 亀井英子　イラスト 棚田尊子（そんそ）　協力 村山結美　編集 鈴木七沖（なないち）

プロローグ

波乗りから教えられたこと

Message 1

思いどおりに
ならないことを
楽しもう

サーフィンをやったことがある人ならわかると思いますが、サーファーって、いつも**「ご機嫌」**なんですよ。これ、どういうことかと言うと、波乗りって、とにかく思いどおりにならないことを楽しむもの、ということに関係しています。

あたり前ですが、その日の天気って、人間の思いどおりにはならないですよね。そして、海に着いて今日の波を見てみても、サイズや形など、当然思いどおりになんてひとつもならない。そもそも波自体があるかないかも行ってみないとわかりません。風が入ってぐちゃぐちゃだったり、大波に荒れて手に負えないときだってあります。

うまい具合に、いい波と出会えてボードに乗れたとしても、時間でいうならせいぜい10秒前後。長くて30秒くらいかな。もし1分間も乗れたら、もう足はガクガクです。仮に平均時間で20秒乗れて、それを20本うまく行ったとしても、たかだか7分くらいでしょう。

僕の自宅から実家の目の前の海まで、車で片道2時間はかかります。海に入っている時間が約2時間（波に乗っている時間は10分未満！）。帰りも行きと同じく2時間かかる……。どうですか? たった10分ほどの波乗りを楽しむために、計6時間も費やしている計算になります。それでもサーファーはご機嫌なんですよね。思いどおりにならないからこそ、ちょっとでも思いどおりになったことが嬉しくて、17歳から数えて、実に34年間も続けられているのです。

僕が大好きな伝説のレジェンド・サーファー、アメリカ在住のジェリー・ロペスさんが次のような名言を残しています。

「逆らうのではなく、従うのでもなく、波のするようにすればいい。サーフィンと生きることはよく似ている」

若い頃は気性も荒くて、せっかち気味な僕でしたが、海と付き合って、波と向き合っていると、どんな状況でも何とかわずかなチャンスをつかみながら、そこに楽しみを見つけることが面白くてしかたない。

これって、陸の上の普段の生活……もっと言うならロペスさんの名言どおり「生きること」と同じだと思います。生きていれば、思いどおりにならないことなんて山ほどありますよね。逆に、思いどおりになることのほうが少しだったりする。それをどうやって楽しみに変えていくのかをサーフィンというスポーツは教えてくれる気がします。

初心者の頃は、とにかく上手くなりたいと向上心が勝るので、謙虚な気持ちです。「立たなくていいから」と先輩サーファーに言われて、ボードに寝そべったまま波の上を進んでいく体験は、今でも忘れられません。

「波に押されるのって、こんなに速いんだ！」

バイクや自転車に乗っているのとは比べものにならない感覚。水平線よりも、ちょっとだけ体が浮き上がり、まるで自分の体も波の一部になったような気がして、時間にするとほんの数秒のことですが、自分が自分でない気がします。

「波の上は常に変化し続ける。だから、考えてしまうとついていけなくなる」

同じくロペスさんの言葉ですが、ほんとうにそのとおりで、頭で考えるんじゃなく、どれだけ体を開放し、波と一体になれるか……。思いどおりにならないことすべてひっくるめて心から楽しめる自分になれるかがポイントなんですよね。

Message 2

ご機嫌になれる方法はすべて海で学んだ

波乗りにはルールがあって、一応、ひとつの波に1人しか乗れないんですよ。なぜなら、ぶつかって危ないから。波が崩れるところで、いちばん最初に立った人、滑っている人がいます。滑っている人の前からは乗っちゃいけない。当然、波って三角になっているので、その三角の頂点、いちばん高いところにいる人が優先権をもつわけです。その人の邪魔をしちゃいけないのが共通のルールです。

みんなが三角の頂点を探すために、パドルして、波が来ると右往左往します。いちばん良い場所から乗りたいので、誰もが優先権を得たいわけですよね。

サーフィンを始めて10年目くらいの、まだ26歳の頃。仕事で住んでいた宮崎県内のローカルなポイントで波乗りをしていたときの話です。僕は毎朝海に入っていたので、名前もわからないし、話したこともないけれど、一応、挨拶をするくらいの顔見知りができました。みんな一緒になって海の上にいます。

「こいつ、毎朝いるな」

たぶん、向こうも同じように思っていたでしょう。

ある朝、僕は1人で海に入っていました。めちゃめちゃ波が良くて、嬉しくて、バンバン乗って楽しんでいたのです。すると30分くらいしてから、名前は知らないけど､顔は見たことのあるやつが入ってきました。目が合ったので「おはよう」って言って、向こうも「おはようございます」と。そして僕は新しい波を待っていました。

沖からいい波が入ってきました。「よっしゃ。俺、これに乗ってやろう」と思って、波のピークに向かってゆっくりとパドルを決めます。「たぶん、ここで割れるな」と。ところが、予想は外れて、ずれたピークが彼のほうに向かっていったのです。当然のように彼は波に乗りました。

「ああ、乗れなかったわ。まあ、いいや。次を待つか」

そう思って次の波を待っていると、またもやピークは彼のほうへ。そんなことが立て続けに4回も起きたのです。

僕はだんだん腹が立ってきました。

「なんであいつばっかり乗ってんだ！」

心中は穏やかじゃありません。3回目くらいからイライラが募り心の中では、『あいつのところばっかり波が行きやがって。海の中には2人しかいねぇんだから、少しは気遣って俺に譲れや。俺のが先に入ってんだろ』

次にとった僕の行動は今思うとほんとうに情けないものでした。相手を睨《にら》みつけてみたり、チッと舌打ちしてみたり。「俺、怒っていますよ」エネルギーを全開に出したのです。

そこに、遅れて僕の先輩が入ってきました。

「おはよう！」

「おはようございます」

しかし先輩は、すぐに気づいたんでしょうね。俺の顔を見るなり、

「あれ？　香取、お前、怒ってんの？」

「いやいや、怒ってないですよ」

「なんか、怒ってんじゃん。イライラしてるよな」

「イライラしてねぇっすよ」

「してんじゃん！　お前！」

「先輩が、そう言うからでしょ」

「香取、何か怒ってるし、イライラしてるよ。朝からよ」

「そんなことないですよ」

「そんなにイライラしてんなら、お前、海からあがれば？」

「は？　なんで俺があがらなきゃいけないんですか？　俺イライラしてねぇし」

「イライラしてんじゃん。だって、お前、何のために波乗りしてんの？　なんで、毎朝、毎朝、早くから海に来るの？　なんでサーフィンしてんの？」

「サーフィンが楽しいから……」

「だろ？　楽しみに来てんだろ？」

「……そうですよ」

「楽しみに来ているのに、今、イライラしてるでしょ」

「そりゃそうでしょ。だって、あいつばっかり乗るし。ちょっとは譲りゃいいのに……。自分ばっかり乗りやがって、そんなもんイライラするでしょ」

思わず口から本音が出ました。

「そんなにイライラするならあがったほうがいいわ。あんたんところに、もう、波は来んよ」

「え？」

「そんなもんなんよ、香取。いいか、いいことを教えてやる」

そのとき先輩から言われた言葉は、今でも忘れません。

「イライラを選んでいるのも、ワクワクを選んでいるのも香取、お前自身だろ。あいつに『今日楽しい？』って聞いてみ。『すげぇ楽しいです』って言うぜ。だって、いい波バンバン乗れてるもん。だろ？　楽しいじゃん。楽しみに来て、楽しんでるじゃん。それで良かったねっていう話じゃん。

なんで楽しみに来て、楽しんでいる人を見て、お前がイライラして怒らなきゃなんないの？　それがよくわからねぇわ」

「だって、俺、ぜんぜん乗れないんですもん……」

「いや、それはお前の問題だろ。」
「じゃあ、どうすればいいんすか？　ワクワクにするってどうすりゃいいんすか？」
まったくもって恥ずかしい話です。謙虚に、素直に海と向き合えていた初心者の頃の気持ちなんてどこかに行ってしまって、そこそこ技も上達したとき、僕の中では、むくむくと傲慢《ごうまん》さが顔を出してきたわけです。呆《あき》れるくらいに……。

先輩はボードの上で波を待ちながら、丁寧な口調で話してくれました。波に揺られた2人の情景は、今でも記憶の奥に焼き付いています。

「それはお前が選んでんだから、お前が変えろよ。考えてみろ。サーフィンをそれだけやっているお前が見ていい波だったら、きっといい波だよ。めちゃめちゃいい波だったと思うぜ。

ところが勝手に波を取られたと思い込んだお前は、彼を睨みつけるとか、舌打ちするとかやってしまったんよな。そうじゃなくて、逆をしてみろ。『今の波、良かったね。どやった？』って笑顔で聞いてみろよ。仮に自分の仲間だったら、

お前はやってんじゃねぇか。あいつは仲間じゃねぇ。知らねぇやつだからやらねぇんだろ？

じゃなくて、同じサーファーだと思ってみろよ。みんな仲間だぜ。上手く乗れたやつに『おお、今の波、めっちゃ良かったな』って言ったら『ありがとうございます』ってなるじゃねぇか。そしたらどうなる？　そこでほんわかした雰囲気が生まれるんじゃねぇか？　ワクワクな雰囲気になるだろ？　そんなふうに相手が楽しんでいるのを見て、一緒に楽しんでみろよ」

僕は恥ずかしさを隠せませんでした。

「そしたら香取、お前がワクワクしてくるだろ。そのときやっとお前の目の前に、どうぞって、お前が乗る波、いちばんいい波が来るんだよ。わかるか？　やってみろ。きっと波に名前が書いてあるわ。『香取貴信さま、どうぞ』って（笑）」

僕は衝撃を受けました。何も言えなかった。言えないどころか、恥ずかしくて、恥ずかしくて、波乗りを純粋に楽しんでいる名前も知らない彼に、心の中で詫びました。そして、大事なことを教えてくれた先輩にも心から感謝しました。

その日から、自分自身を変えたのです。そして、先輩が言ってくれたような気持ちで、新たにサーフィンが楽しめるようになりました。

結果、どうなったのか？　ちゃんと波が来るんです！

ほんとうに、めちゃめちゃ不思議な話ですが、ちゃんと自分のところに波がやってくるようになったのです。面白いでしょ。楽しんでいるところに「ああ！楽しんでいるね！　どうぞ乗りなよ」ってやって来てくれる。


以前、熊本県にお住まいの仙人のような陶芸家・北川八郎《きたがわはちろう》先生に、こんな言葉を教えていただいたことがあります。

「神様って、笑顔の人しか見れないんだよ」

「ほんとうですか？」

「ああ。ほんとうだよ、香取くん。神様はバチなんか当てないんよ。神様は、みんなを幸せにしたいと思っている。だけどね、ポイントがあるんよ。

人生を楽しそうに生きている人はおらんかなって上から見よるんよ。そういう笑顔の人を見つけたら『おお！　楽しんどるね！　じゃあ、こんなんどうぞ！もっと楽しみなさい。楽しんでね』って言って、ラッキーを与えてくれよるよ。だけどね、笑顔じゃない人は、神様には見えんのよ。だから、救いたいんだよ。ほんとうは救いたいと思っているんだよ。でも、神様には見えないよ、笑顔じゃないから見えないわけなんよ」


いつも自分から楽しむこと。

いつも自分がご機嫌でいること。


誰かに楽しませてもらったり、機嫌をとってもらったりするのを待っているうちは、当然、楽しむことなんてできないし、自分の機嫌もよくはならない。

まずは、何事も自分から。自分が動いて楽しみも機嫌も生み出すこと。

これが基本となって、ようやく人のことにも関心が向けられる自分になる。

波乗りは、そんな大切なことを僕に教えてくれたんです。

Message 3

GOKIGEN
ソウルサーファーとは
いつもご機嫌で
いられる人のこと

今回、久しぶりに書くこの本のテーマは、**「人を光らせる人が光っている人」**です。僕の体験を軸に、人を光らせる人の心持ちを綴《つづ》っていますが、「光らせる人」の最大条件って、僕はこう思うんです。

「自分がご機嫌であるかどうか？」

自分の生活状況が大変なのに、人のお世話やボランティアに精を出す人っているじゃないですか。もちろん、ボランティア精神って、とても大切だとは思うのですが、自分が置かれた状況に無理してまで世のため、人のためって、ちょっと苦しいなぁと思います。過去の自分がそうでした。自分のことを大切にできないのに、人のことを大切にすると、どこかで無理がくるんですよね。

それと同じで、人を光らせる、人をワクワクさせる人って、自分自身がいつもご機嫌でいられる人だと思うんですよね。もっと言うなら、自分の機嫌を自分で調整できる人。つまりは**「ご機嫌＝幸せである」**こと。まずは、**自分自身が幸せであることがいちばんだな**、と。

幸せの定義は人によって違うものですが、どんな状況でも、どんな環境でも幸せを感じられるコツが、**「いつもご機嫌でいられること」**だと思っています。

若いとき宮崎の海で味わった恥ずかしい体験からもわかるように、自分の機嫌って、ほんとうは自分で整えられるんですよね。

たった100円からも笑顔が生まれる

ある日のことです。打ち合わせがあって都内のある場所に向かってタクシーに乗っていました。不機嫌そうな運転手さんの態度は、後部席に座っている僕からもわかります。「態度悪りぃなぁ」僕は腕を組みながら、バックミラーに映っている運転手さんの目を見ていました。

「〇〇〇まで行ってくれますか？」

乗ってからすぐ伝えた僕に、彼は後ろも見ないでボソッと、

「それって、何区？」

と言ったのでした。カチーン！「なんだその言い草は？」と昔の僕ならドスを

きかせた声で文句のひとつ、ふたつもたれていましたが、そこは50代の香取貴信(笑)。ちょっとは涼しい表情で、こう切り返しました。

「住所言いますね〜。ナビでも設定してくださいよ〜」

黙ってナビに住所を入れる運転手さん。そのあとは沈黙の時間です。

さて、GOKIGENソウルサーファーとしては、どう着地させますかね。打ち合わせの段取りを考えながら、僕は時折眺めるバックミラーを横目に、下町の景色を楽しんでいました。十数分後、タクシーは目的地に到着しました。

お金を払いながら、僕はすかさず小銭の中から100円玉を取り出し、トレイにその1枚を置きました。

「運転手さん、ありがとう。少ないけどチップね」

「えっ？　いいんですか？　ありがとうございます」

そのときの運転手さんの笑顔。なんだよ、やればできんじゃんか(笑)。

僕は一言そう心の中でつぶやいて、再びニヤリ。

なんだか小さなことですが、ご機嫌になっている自分がいました。

自分もまわりの人もご機嫌!!ハッピーテロ

エピソード1

香取、本音で話します。

Message 4

「夢」がないなら
応援したらいい

今からもっと若い頃の話ですが、僕には「**夢**」がなくて、ものすごく苦しんだ時期がありました。よく大人たちって、中学生くらいの子どもたちに言うじゃないですか。**「夢をもて、いいから自分の夢をもて！」**って。

でも、その頃の僕は、夢をもてって言われても私利私欲しか出てきませんでした（笑）。中にはいますよ。サッカー選手になってヨーロッパに行きてぇとか、俺は野球で大リーガーになるとかいう人たち。

「夢をもっていない俺は、ダメ人間なんだ」

そう思っていました。いつも自分自身を攻撃して、「ダメだ、ダメだ。ダメ人間なんだ」と。講演活動を始めた頃も、よく聞かれましたね。

「香取さんの夢は何ですか？」

大勢の前で「ないです」って言えなかった見栄っ張りの僕は、思ってもいないことをとってつけたように、こんなふうに言っていました。

「講演をとおして世界を平和にすることですね」

このセリフを聞いたことのある人、ごめんなさ〜い。ウソでした（笑）。

あの頃は、そんな自分の心が苦しくて、苦しくて。もう講演時間内にある質疑応答なんてやりたくなくて。時間いっぱい話をして、「はい。今日は時間がないので質疑応答は割愛します」なんてやっていました。

僕のまわりには、今でも素敵な夢を描いている人がたくさんいます。

師匠の1人でもある福島正伸《ふくしままさのぶ》さんも**「夢しか実現しない」**とか言っているわけです。師匠がそう言っているのに、なんの夢もない僕はやっぱり……な〜んて、思っていました。

でも、あるとき気づいたんです。

「夢を描けるかどうかって、得意・不得意なんじゃないか」

夢をいっぱいもっているヤツって、夢を描くのが得意な人間なんだって。歌が得意な人もいれば、歌が苦手な人もいる。走るのが得意な人もいれば、走るのが苦手な人もいる……。

「ああ、俺は、夢を描くのがきっと苦手なんだな。だったら無理に苦手を克服しようとしなくてもいいや。無理やり思うから苦しくなるんだ。でも……だったら、どうしようか？」

そんなとき夏の高校野球を見ていて、僕は驚きと感動で号泣してしまった体験をしたのです。

高校球児から学ばされた瞬間

ある年の夏、僕は何気にテレビで高校野球を見ていました。

そうしたら、ある瞬間、カメラがアルプススタンドを映したんですね。夏の甲子園。もう天気はめっちゃ快晴で、灼熱《しゃくねつ》の太陽がギンギンに球場全体を照らしている日です。そんな炎天下の中で声を張り上げている応援団や踊りながら声援を送っているチアリーダー、一生懸命に演奏を続ける吹奏楽部の生徒たちなど……グランドで精いっぱいプレイをする選手たちと同じように、みんなが一丸となっています。

その中に、選手と同じユニフォームを着た学生たちも、口を大きく開けながら割れんばかりの声援を送っていました。「きっと1年生や2年生なんだろうなぁ」そんなことを思いながら画面を眺めていましたが、試合終了後にインタビュアーがマイクを向けたアルプススタンドの野球部員は、なんと高校3年生だったのです。「えっ？　なんでコイツは、ベンチにいないの？」って思いました。

勝負事なので、情でベンチに入るわけにはいかないことはわかります。補欠も含めた選手みんなで勝たないといけないわけだから。甲子園で優勝するってことは、全国で唯一、夏の高校野球大会の試合で負けたことがない学校だけが勝ち取れることを意味します。

もちろんベンチに入ることができる選手の数は決まっていますから、カメラの前にいるアルプススタンドの3年生は、背番号をもらえなかったわけです。でも、そいつはほんとうに自信満々に、爽やかに笑顔でこう答えていました。

「僕は心の底から仲間を応援してるので、絶対に優勝してほしいですね。今日、勝てたことはほんとうに嬉しい。ものすごく嬉しいです」

素直に、こいつはすごいなって思いました。甲子園に出られるくらいの高校ですから、彼の人生を考えたとき、きっと小さい頃から野球漬けの毎日だったことでしょう。

彼の家族や親戚だって、みんなそのことを知っているはずです。「あそこの高校の野球部に入ったってことは、もちろん甲子園を目指すんだよね。行けたらいいね」と。

16歳からの3年間って、人生で最もキラキラと楽しい時間。そんな時期、野球に青春のすべてを捧げてきた夢の甲子園……。だけど自分はベンチにも入れず、背番号すらもらえない……。そして与えられたのは、灼熱の太陽の下、全校生徒が観ているアルプススタンドで背番号のないユニフォームを着せられて、後輩たちに交じって応援させられる……。これって何の罰ゲームだよ……。もしこれが自分だったら……。

「誰が行くか、ボケ！　俺の青春を返せ！　何が悲しくて自分がアルプススタンドを守らなきゃなんねえんだ」って思うんじゃないか……。

どんなに声を張り上げて声援したって「一塁側のアルプススタンドの応援が良

かったから1点あげます」とはなりません。直接的に試合には絡めない。甲子園の土も踏めない。当然、もし負けても甲子園の土すらもって帰れないわけです。

こいつは今、どんな思いでアルプススタンドにいるんだろう。そこから仲間のことを応援するなんて、いちばん厳しいポジションですよね。直射日光でぶっ倒れるくらいの夏の甲子園。それでも大汗をかきながら、声をからしながら、死んでもいいくらいの勢いで「がんばれっ！」って応援する……。

「今、どんな気持ちなんだろう」

それを見ながら、僕はぼろぼろと泣けてきました。涙が止まらなくなりました。と同時に、めちゃくちゃかっこいいなぁ、と思ったんですよ。TVに映れば、きっと親戚中から言われますよ。「あいつ、甲子園に出るって言っていたけれど、背番号もらえなくて、守っているところってアルプススタンドなの？」と。みんなわかっていますよ。彼が通っている高校の全校生徒もわかっている。

でも、爽やかに笑顔でマイクに話している彼は、きっとこう思っているでしょう。自分と一緒に練習をしてきたチームの仲間の晴れ舞台。俺が応援しなきゃ、いったい誰が応援するんだって。

今こうやって原稿を書きながら思い出すだけで僕は泣きそうになります。そんなふうに仲間を思って、ぶっ倒れるくらい応援している彼やアルプスタンドの人たちを見たとき、ほんとうにかっこいいな、と心から思いました。

「ああ、俺はこんなふうに、心の底から誰かを応援したことがあるかな？　いや、なかったなぁ」

他人のために〝何ができる〟か

当時の僕は、最初の本を出して、それがベストセラーになっていろいろなところからお声をいただいて、講演をしたり、おかげさまでいくつもの企業からコンサルタントの仕事もいただいたりで、全国に出向き始めたときでした。

でも、心の深いところでは、相変わらず「夢」をもてない自分のことを否定していましたし、好きになれませんでした。「ダメな人間」とずっと思っていて、でもいろいろな場面で誤魔化している自分がいました。そんな自分だからこそ、テレビで観た高校生に胸を打たれました。仲間のことを自分のことのように思って、他人の成功を己の成功のように思える美しさ。

「こいつみたいになりたい」

瞬間に思いました。甲子園のマウンドに立って、バタバタと打者に空振りをさせながら三振の数を増やすことは僕にもできないけれど、それをしている人をアルプススタンド側で応援することならできる。全力でサポートすることならできる。俺、そっち側でいいんじゃないかな、と。今はまだ夢がないんだったら、無理やりもつことはせず、仲間の応援をしてみようぜ！　そう思いました。

自分の役割って、人それぞれに気づいたり、わかったりするものだと思います。でも、それって、自分だけではなかなかわからないものだな、とも思うんです。人って、やっぱり社会の中で、人と人の出会いやご縁、そんな関わり合いの中から自分自身を見つめていくものではないでしょうか。

「他人から〝どう思われるか〟より、他人のために〝何ができるか〟」

これも師匠・福島正伸さんの言葉ですが、ほんとうにそうだと思います。

人の目ばかりを気にして、羨んだり、自分を卑下したりするよりも、まずは「何ができるのか?」に思いを馳せることで、自分自身がわかることもあるのです。


昔の僕は夢を描くことができなくて、夢のあるやつがまぶしくて、片っ端から〝できない理由〟を並べてこっちのステージに引きずり下ろすドリームキラーでした……。そんな自分にやりたいことが見つかって誰かに夢を語れば、今まで否定され続けたやつらは全力で否定してくれます(笑)。

反対に自分には夢はないけど、アルプススタンドの背番号のないユニフォームを着た高校球児のように、仲間の夢を全力で応援していたら。そいつにやりたいことが見つかったとき、今まで全力で応援されてきた仲間は、きっと応援してくれます。投げた球は返ってくるんです。

相手の夢を否定していたドリームキラーの昔の自分も受け入れて、相手の夢を本気で応援する「光らせる道」を極めて行こうと思います。

Message 5

最終学歴よりも
最新学歴が大切

僕にはたくさんのコンプレックスがありますが、正直に書くと、「学歴がない」というのがけっこう大きなものでした。バカだから単位の計算を間違えましてね。高校3年生のテストが終わったあとに、旅に出ちゃったわけです（笑）。

当時は、携帯電話なんてなくて「香取がいなくなったぞ」と大騒ぎになりました。母親にもどこに行くか言ってなかったんですよね。

それで、バカの上塗りですが、卒業式当日に「イェ〜イ！」なんて登場したものだから、先生だけでなく生徒たちからもびっくりされました。当然ですけど。

「おい、香取。ちょっとこっちに来い」

卒業証書の授与では、僕の前まで名前が呼ばれましたが、僕を飛ばして次の人……となりました。出席日数が足りてなかったんです。

「香取、お前んちに何度も連絡したんだぞ。いったい、どこに行っていたんだ？今日の今日では手遅れだから、もう1年やれ」

一瞬自分でも驚きましたが、それは嫌だったので、「だったら自分で卒業するわ」と啖呵《たんか》をきって自ら卒業したわけです（笑）。

高校生時代の16歳から「東京ディズニーランド」でアルバイトを始めたのは、拙著にも書いたとおりです。「魔法の学校」は、実に多くのことを僕に教えてくれました。残念ながら高校は自ら卒業し、進学もせず（というかできず）、そのままアルバイトを続けました。

働くことって、どういうことなのか。人に何かを伝えること、「ほんとうのサービス」とは何なのかなど、徹底的に教えられました。

ところが独立して、自分独りでコンサルや人材教育などを始めると、決まって聞かれるのが**「最終学歴」**でした。例えば、相手先の人事部の教育担当者は、東京大学や京都大学、早稲田大学や慶應義塾大学など、世の中では一流校と言われる学校を卒業した人ばかりです。そういう皆さんが適材適所に配属されて、大企業は成り立っています。

ほとんどの企業に行くと必ず聞かれるのが次の質問でした。

「香取さん、最終学歴はどこだったんですか？　学校は？」

「うっ」となっていました。すかさず、笑いながらこう答えるしかなくて。

「はい、東京ディズニーランドユニバーシティです」

苦しいですよね～。というか勝手に自分で苦しんでいただけですけど（笑）。

とにかく自分の最終学歴が低いと自覚していて、それが強烈なコンプレックスを生み出していたのです。

大事なのは「最新学歴」なんだよ

ところが、ある日。ちょっとした打ち合わせをしているときに、相手の人と学歴の話になりました。すると、こんな話を教えていただいて、僕は目からウロコ体験を味わったのです。

「香取くん、コンプレックスを抱く気持ちはわかるけどさ。**大事なのは最終学歴なんかじゃなくて〝最新学歴〟だと思うよ**」

「最新学歴？　何ですか、それ？」

「だってさ、僕らのようないい歳をして、まさか『どこの大学を出られましたか?』って、いつの話だよって思わない? その延長でさ、だいたい定年後の男性に多いんだけど、同世代と会うとき、決まって口に出てくるのが次の言葉なんだよな。『どこにお勤めだったんですか?』って。おいおい、なに昔の話をしてんだよって(笑) **肝心なのは、今だよ今。今の自分がどうなのかって語るべきでしょう。最終学歴がどこかよりも『今、何を学んでいるんですか?』**って聞くほうが大事だと思わん?」

僕は話を聞きながら泣きそうになりました。それだけ感動したからです。当時の僕はまだまだちっちゃくて、どこか過去の自分を否定していたんですね。一緒にいたその人から、ガツンといいパンチをもらった気がしました。

「香取くん、最終学歴がコンプレックスだと言っているけれど、今はいろいろなことを学んでいるでしょう。それでいいんじゃないの? 『僕の最新学歴は……』って言えばいいと思うよ。常に学んでいる人のほうが素晴らしいと思う。過去に学んだ経験を言うより、『今、何を学んでいるか?』が大事だよ」

文部科学省が発表した令和3年度（2021年）の数字ですが、小・中学校の不登校児童生徒数は全国で24万人以上いるそうです。児童生徒1000人あたりの不登校児童生徒数は25・7人。9年連続での増加と聞きました。

高校を自ら卒業した僕が言うのもなんですが、今の世の中、学校以外で学べることはたくさんあります。誤解のないように書くなら間違っても学校がよくない、と言っているわけではありませんよ。突然、何が起こるかわからない現代社会の中で、学校で覚える勉強だけでは対応できないことがいっぱいある、ってことです。

どんな状況になっても生きていける。それも、ご機嫌で楽しくやれるなら、こんな嬉しいことはありません。

もっと自分を磨くために、今のあなたはどんなことを学んでいますか？

その学びを何に使っていますか？

Message 6

先出しジャンケンで待てる人は強いよね

「**待っ**」って、ものすごく大事なことだと思います。

海の上にいると、いい波に乗ろうと右往左往することがしばしばあります。毎回、最高の波が来るとはかぎりませんよね。あっちの波がいいかな、こっちの波がいいかなと気持ちが散漫になっているときは、ほとんどいい波に出会うことはありません。

自分の人生を振り返ってみても、絶好調で波に乗っているときもあれば、「今日は波が来ねえなぁ……」と、ただ沖で待っているときもある。あれと同じ。

「ここと決めたら、ここで待っていればいいよ」

海の上で教わったことです。自分の乗る波が現れるタイミング。絶妙なタイミングが必ずあると思っています。それをひたすら待つことが大事です。

僕の若い友人に「つっちー」という男がいます。

僕のことを「志匠（師匠）」と呼んでくれるので、こっちもことあるごとに可愛がっていますが、彼がある出版オーディションにチャレンジすることになりました。並々ならぬ才能をもった本を出したい強者たちが60人。お互いの個性を競い合いながら、1位を獲得した者だけが出版を実現できるというスタイルのオーディションです。そこにエントリーした彼から相談を受けました。

「志匠、出版オーディションにエントリーしました。応援してください」

「つっちーは、そのオーディションで何がしたいの？」

「志匠からの教えを広めたいから本を出したいんです」

「……そっかぁ。つっちーは本を出すことが目的なの？　それとも本を出した先に何か目的があるの？」

「えっ……、それは……、本を出したいですし、その本をとおして志匠から教わったことを広めていきたいです。」

「そっかぁ……。もし本を出したいなら方法は簡単だよ。オーディションの中で**後出しジャンケンをすればいいよ。**他59人のライバルがどんなことをするのかをよく見て、上手く行っている人のやり方をパクッて、それ以上にやれば1位が取れるでしょ。そしたら本が出せるよね」

「はぁ……」

「でもね、きっと本は出せると思うよ。ただ、つっちーが出したその本が読み続けられることはないよね（笑）。それでよければやればいいよ。後出しジャンケンでライバルを蹴落として1位になれればね」

「……いや、それは……僕はたくさんの人に志匠の教えを広げて幸せになってほしいんです。だから本が出したいんです」

「そっか、それならこれからオーディションの2か月間、**先出しジャンケン**をしたらいいね」

「……先出しジャンケンですか……」

「そう、これからオーディションが終わるまで『自分のことを応援してください』『自分の企画に1票入れてください』って言わずに一緒に参加する59人が本が出せるように応援し続けるんだよ」

「えっ、1位にならないと出版はできないんですよ」

「そんなことはわかってるよ。だからこそ、つっちーは先出しジャンケンで自分以外の59人を応援しまくるんよ。自分のことは出さずに、じっと待ちながら、ただただ、まわりの人を応援してみるんよ（笑）」

僕の考え方はこうです。ちょっと一緒に考えてみてください。もし後出しジャンケンでライバル59人を蹴落として1位になって本が出せたとしましょう。本は出せても蹴落とされたライバルは、その人の本を買ってくれるでしょうか？　その本を読んでまわりの人に広げてくれるでしょうか？

おそらく買いもしないし、広げてもくれないでしょう。だってライバルとして蹴落とされた側ですから……。

そして、嬉しい報告がありました。この原稿を書いている現在、つっちーは僕の教えを実践し、先出しジャンケンで自分のことは一切お願いせずに、59人の仲間を応援しました。結果予選落ちしてしまいました（笑）。

しかし、つっちーに入れてもらった票の中に、一緒にエントリーした59人の何人かの票が入っていたそうです。みんな1位になりたいんです、それなのに自分の大切な票を自分ではなく、つっちーに入れてくれたそうです。

つっちーは見事に敗者復活で決勝に進んだそうです。今回のオーディションで出版できるかどうかはわかりません。だけど、彼の中に投じられた仲間の票は、このあとの彼の人生の中で、ものすごい1票になるに違いないと僕は思っています。おめでとう、つっちー。

僕が彼にいちばん伝えたかったのは、「**タイミングを待つ**」ということでした。本を出したい気持ちでオーディションに参加したけれど、グッとその気持ちを隠して、誰もやっていないことをしてみろよ、ってことです。

例えば、**自分以外の59人を仲間だと思いなさい**、と。何かのご縁で一緒になった59人を、徹底的に応援すること。仲間のみんなが本を出したい。ならば、みんなが本を出すためにどうしたらいいのかを徹底的に考える。他人の本が出ることを、まるで自分のことのように喜んで、『**他の成功が己の成幸**』っていう僕の美学があるのですが、それを実践することの大切さを彼に伝えました。

僕はつっちーにそんな話をしながら「**光らせる人が光る**」の本質を見たような気持ちになりました。

Message 7

大切なことは
目には見えないよ

フランスの作家・サン＝テグジュペリが書いた名作『星の王子さま』。初めて読んだのは、かなり昔のことです。砂漠に不時着した飛空士が、宇宙のどこかの星からやってきた小さな王子さまと出会って意気投合します。そして交流を重ねていくうちに、生きるうえで大切なことを思い出すという物語です。

「心で見なければものごとはよく見えないってこと。大切なことは目に見えないんだ」

名言ですよね。僕は霊的なものやスピリチュアルと呼ばれる世界には、あまり傾倒していませんが、愛とか絆とか友情とか、確かに目には見えないけれども、何かを介して……例えば、絆や友情などは、人との出会いやご縁によって感じられるものでしょう。たった1人では見えない、感じられないものだけれども、「人」の存在によって、はっきりと輪郭《りんかく》が見えてくることは間違いありません。

僕の師匠の師匠ですから**大師匠にあたる大久保寛司《おおくぼかんじ》さん**が、著書『あり方で生きる』の中で興味深いことを書かれていました。実際に、物体としては触れるもの何かをとおさないかぎり目には見えないものの話……それは自分の顔だと。

「顔は自分のものだけど、表情は他人様のものです」

寛司さんはある企業研修で、会社の幹部の方たちに伝えたそうです。

「皆さんの表情そのものが、部下のモチベーションにとても影響があります」

話を聞いていた幹部の方たちは、その場では深く頷いたものの、かといって自分はいい表情ができるわけではありません。なぜなら、自分の表情は、自分では見えないからです。寛司さんは全員にお願いしたそうです。

「ぜひ、ご自分の机の上に鏡を置いて、時々、鏡を見るようにしてください」

数か月後に実施したフォローアップ研修のとき、寛司さんは再び訊《たず》ねました。

「皆さん、机の上に鏡は置いてありますか？」

「はい、置いてあります」

「見ていますか？」

「見ていません！」

実は20人あまりいたその企業の幹部全員が、鏡の自分を見ていなかったそうで

す。「なぜですか?」と寛司さんが聞くと異口同音に出てきたのは、

「自分の顔を見ると憂鬱《ゆううつ》になるんです」

寛司さんは、すかさずこう言ったそうです。

「それは、迷惑です!」

きっとその場にいた幹部の皆さんはびっくりされたでしょうね。

「皆さんの部下は、その顔を見ながら仕事をしているんですよ」

表情が暗い人やしかめっ面の人は、生きているだけで不愉快な菌をばら撒《ま》いていることと同じである、と寛司さんは書かれていました。

表情は他人のためにあるのです、と。

僕はその言葉を読んで驚きました。気がつかなかったなぁ。自分自身の表情が、誰かに影響を与えているなんて……。以前、まだ小さかった子どもたちから「父ちゃんの顔は環境破壊だ」と言われたことがありました。考えごとをしていた顔が怖く見えたんでしょうね(笑)。

相手が判断を決める人の表情……とても深い話です。

Message 8

下心満載で
ご先祖さまを
味方につけよう

次章の「**エピソード2**」でも詳しく書きますが、最近いろいろな人から聞いたある話です。僕はその話からあることを実践する中で、確信をもったことがありました。とても面白い話なので、よければ読者の皆さんも試してみてください。

以前、テレビを観ていると、ある著名な占い師が、
「先祖供養していないから罰《ばち》が当たったんだ!! お墓参りをしてないからだ!!」
みたいな辛口なコメントで相談者に詰め寄っている場面が流れてきました。もちろん、先祖供養が大事だよってことは僕にもわかるんですが……。

ほんとにご先祖様って、墓参りに来ないくらいで子孫に悪いことを起こすのかな? そんなに先祖ってケツの穴が小さいのか? って感じて違和感を覚えていました。

もし自分たちが先祖だったらと考えてみてください。自分の顔も見たこともない子孫が自分の墓参りに来ないくらいで、『こいつ最近墓にも来んねぇ〜ちょっ

と悪いことでも起こしてやっか』ってしないですよね〜（笑）。僕が先祖なら『俺も人間だったときがあるからわかるよ。忙しいときもあるよな。大丈夫、そんなんせんでも俺はお前を護ってやるから（笑）』ってなると思うんです。

それを考えていたときに気づいたんですね。コレがもし逆だったら？　って。

朝起きて自分のご先祖様を想って下心満載で手を合わせたら（笑）

「香取のお爺ちゃん、お婆ちゃん、そしてひい爺ちゃん、ひい婆ちゃん……。今日も無事に起きれました。ありがとうございます。よろしくお願いします。あっ今日ちょっとデートなんで、そこんとこちょっとヨロシクお願いします（笑）」

ってね（笑）。そして、ここでちょっとご先祖様の名前まで調べて呼ばれたらどうですか？　嬉しくないですか？　自分の会ったこともない子孫が下心満載で、おまけに自分の名前まで呼んでくれたら、めっちゃ可愛いってなりませんか？

神様と違って、ご先祖様は僕らの血のつながった家族ですから、下心満載のほうが逆に可愛いですもんね。そんなんされたらご先祖様は大喜びで、きっと大フィーバーだと思ったんです。

ご先祖様大フィーバーで大切なのは、名前を呼んでみることなんですが、静岡の居酒屋で岡村佳明《おかむらよしあき》の兄貴に聞いたんです。

皆さんには愛する人がいらっしゃいますか？　もしくは大切にしたい人。それが家族だったり、仲間だったり……。愛する人、または大切な人たちを大事にするって、すごく重要だということは誰もが理解していることだと思います。

では、ここで質問です。

「あなたのお爺ちゃんとお婆ちゃん、少なくとも4人いると思いますが、その4人のお爺ちゃんとお婆ちゃんの名前を言えますか？」

そしてさらにもひとつ質問です。

「では、お爺ちゃんとお婆ちゃんの上に、少なくても8人のひい爺ちゃんとひい婆ちゃんがいます。その8人のひい爺ちゃんとひい婆ちゃんの名前を言えますか？」

この質問にドキッとした人は少なくないんじゃないかと思うんです。

僕もドキッとしましたし、ひい爺ちゃんとひい婆ちゃん8人が言えませんでした。ほんとうにショックでした……。研修やセミナーで大切な人を大事にしましょうなんて言っていた自分自身、いちばん大切な〝たった8人〟の名前を言えなかったんです。

今ドキッとした人、大丈夫です。実はこの質問、これまでにいろいろな場所で聞いてみました。お爺ちゃんとお婆ちゃんの4人の名前が言える人は、だいたいの会場で半分の人が手をあげます。そして、ひい爺ちゃんとひい婆ちゃん8人に至っては、1人もしくはゼロです。

僕も今リサーチ会社にお願いして調べていただいています。ぜひ、ご先祖様を味方にして大フィーバーさせるためにも調べてみてください。そしてご自身の子どもたちにも教えてあげて、家族みんなで朝イチ手を合わせながら、下心満載（笑）でやってみてください。

ご先祖様を光らせることが、自分自身を光らせることになりますよ。

ちなみに、沖縄の島の子どもたちに同じ質問をすると、回答率がグッとあがるのだそうです。沖縄では**「3つのもの」**に崇拝の気持ちを捧げることが日常的になっているからだ、と聞きました。**「神様崇拝」「ご先祖さま崇拝」「自然崇拝」**。思いを傾けるものが日常的にあるって、思いやりは尊敬の念を育てることにつながると感じます。素晴らしいことだと思います。人を光らせる人にも必要なことだと思います。

Message 9

すげぇやつを
素直にすげぇと
言えるやつがすげぇ

「すげぇやつ」って、世の中にはたくさんいますよね。先輩たちの世代にもいますし、同世代にも、そして若い世代のやつらになんて、もっと山ほどいます。

人はいつの時代も世代ごとに進化するので、若い世代を見て「すげぇ」って思えることは当たり前だし、当然のことだと僕は思っています。

例え、それが表面的には繰り返されているようなことだとしても、何かしかが新しいんですよね。微妙に進化していたり、カスタマイズされていたり。だから簡単に「どうせ若いやつらは……」なんて一言ではすまされない。妙な先輩づらして、知ったように言うのって、最高にカッコ悪いと感じます。

肝心なのは、それを素直に言えるかってことだと思うんです。年齢を重ねることって、知識や経験が増えて柔軟に立ち居振る舞いできるようになることだと思いますが、必ずしもそう思わない、思えない人たちもいます。

「オレのほうが年上なんだから」

「オレのほうが偉いんだから」

やたらと上下関係やヒエラルキーみたいなもので人を測ろうとする人は、いつの時代にもいますからね。残念なことだけど。

人を光らせることで、**自分もちゃんと光ることができる人って、心根が「素直」だと思うんですよね。**では、素直な人とは、いったいどのような人なのか？　僕はですね、それ、感動の幅が大きいというか、物事をしっかりと受け止め、それを感動に変えられる能力が高い人だと思うのです。

「へぇ〜」

「マジで〜」

「すげぇな〜」

自然とそんな言葉と感動の思いが心の奥から湧き上がってきて、それをちゃんと自分の「言葉」で表現できる人。素直力と感動力そして表現力は、どこかでしっかりつながっています。

僕がコンサルをやらせていただく企業経営者の皆さんって、決まって表情も豊かだし、言葉の表現力もハンパない人たちが多い。どうしてかなぁ、いったいそれらが不得意な人たちと何が違うんだろう……いろいろと観察しました。

そして、わかったことがあります。「共通していること」って言い換えてもいいかもしれません。

それは**「感性」**です。とにかく感性が豊かで、例えば自分が好きだと思うこと、キレイだと思うこと、美味しいと思うこと、楽しいと思うことをちゃんと知っている。そして、自分をどのようにもっていけばいいのか。もっと言うなら、自分の機嫌の取り方を知っている人がやたらと多いのです。

大体、僕たちが置かれている「言葉と触れる」環境は大差がありません。テレビやパソコン、最近ならスマホから流れてくる言葉をインプットしているかどうか、ほとんど語彙力《ごいりょく》だって同じだと思うのです。

ところが、一人ひとりの感性の違いによって、言葉の組み合わせ方はまったく違ってくるでしょう。そこが大きな違いです。「感性の編集力」とも言える。どのような人が、人を光らせることに向いているのか？

ちょっとだけヒントは見えましたか？

次の章では、その点をもっと深掘りしたいと思います。

すげぇと思ったことを素直に実行できるやつすげぇ

とある美容院のはなし
…何やってるの？
ああ!!
ガシャーン
頭から突っこんでいるお客様の自転車の向きをかえてます 帰るとき自転車ひっぱると危ないですから
別の日
…何やってるの？
雨が降ってきたんでお客様のサドルにラップしてます お尻が濡れないでしょ
何でそんなことやってるの？
「本当の優しさは相手に気づかれないくらいがちょうどいい」って話を聞いて本当にそうだなって思ったんです
シュッ シュッ
「いいな」と思ったことを素直に行動できるってすげぇことだよな
にやっ
気づかれない優しさ!!
空気入れは気づかれないハズ
シュッ シュッ
いつもやってるよね
その姿をまわりの人はみているぞ!!
（予約がとれない美容師さん見習いの時のはなし）

エピソード2

人を光らせるときの心得

Message 10

いつもワクワクしていること

「人を光らせる人」であるためには、**いつも自分の機嫌は自分でとれる人**でいることが大事……この真理、少しはわかっていただけましたか？　そこがいちばんのポイントです。しっかり押さえてくださいね。

僕自身、これまでいろいろな人を応援しながら、「**その人がもっと光ればいいなぁ**」と思ってきましたが、そんな気持ちが強くなればなるほど、自分自身の在り方も考えるようになりました。その結論が「**いつもご機嫌であること**」ですが、この章では、僕なりに「どんな自分であればいいのか？」を実践の中で紡ぎ出し、辿り着いた8つの項目をご紹介したいと思います。

ひとつ目は、**いつもワクワクしていること、**です。

このことの大切さを教えてくれたのは、事業家であり、開運アドバイザーとしても全国で大活躍している後輩の**崔燎平《さいりょうへい》さん**でした。燎平（いつも親しみを込めて名前で呼んでいます）が伝えてくれた大切な教えとは、人間なら誰もがもっている「**喜怒哀楽**」についてのことです。

燎平は自分の師匠からこう教えられたと話してくれました。

「喜怒哀楽の〝怒り〟と〝哀しみ〟から行動してしまうと、その結果は、すべて〝破壊〟と〝後悔〟しか生まない。それを忘れないこと」

燎平から伝えられたとき、ただ深く頷くしかありませんでした。なぜなら、そのとおりだと思ったからです。込み上げてくる怒りや哀しみの気持ちから衝動的にとった行動は、やっぱり結果的には人と人との関係性を破壊したり、お互いに哀しみの後味しか生みません。一瞬、問題が解決したように見えても、気づくとあとにはモヤモヤしか残らない。

どうでしょうか？　読者の皆さんにもひとつやふたつ経験はありませんか？

僕は燎平の話を聞いて、すぐに**「北風と太陽」**の物語を思い出しました。

旅人の服を脱がせようと太陽に勝負を挑んだ北風。「これでもか！」と強い風を吹かせて、なんとか旅人の服を脱がせようとします。「絶対に脱がせてやる」と力みましたが、旅人は旅人で「こんな風に負けるか」と言わんばかりに、マントで身を守りながら寒さと風に抵抗しました。旅人は服を脱ぎませんでした。

代わって太陽は、ふだんと変わることなく、ただいつもどおりの温かさを注ぎました。すると、だんだん体が熱くなってきた旅人は自らマントを脱ぎ、池を見つけると全裸になって水浴びを始めたのです。

おわかりでしょうか？　力任せで強引に、自分の力で思いどおりにさせようとした北風と、淡々と自分ができることを表現して、旅人自らの意志で服を脱がせた太陽……。力みながら〝怒り〟のエネルギーを発した北風と、いつもの自分自身で〝楽〟のエネルギーを発した太陽。この太陽の姿勢こそが「ワクワク」なんじゃないかと僕は思ったのです。

燎平の師匠は、こう続けたそうです。

「喜怒哀楽の〝怒り〟と〝哀〟を抜いたら〝喜楽〟になるよ。もっと喜楽に生きなさい」

喜びと楽しみで生きる……つまり、いつもワクワクしながら生きるということ。とても大切なことだと思います。

あなたは〝喜楽〟に生きていますか？

Message 11

自分の機嫌は自分でとる

「**人を光らせる人**」であるためのふたつ目は「**いつでもどこでもご機嫌な自分でいること**」です。考えてみてください。いつも眉間にしわを寄せて、口を開けば常に愚痴や不平に不満……。そんな人が誰かを光らせることができるでしょうか？

きっと誰かの光を奪い、暗闇に引きずり込むことはできても、決して光らせることはできないと思うんです。

人を光らせることのできる人は、常に自分をご機嫌な状態にして、いつもニコニコしているからこそ、その光が相手にも伝わり、相手の光を引き出すんです。だからこそ、大切なのは**自分の機嫌を自分でとる**ことです。

先ほどの〝喜怒哀楽〟の話のように、怒りと哀しみの感情は何もしなくても、ただ座って考えるだけで湧き出てきます。反対に楽しさと喜びの感情は自ら動かないと湧き出てこないもの。だから誰かに自分の機嫌をとってもらうのを座って待っていても何も変わりません。ではどうしたら良いのか？

『動けば変わる』

まずは動いてみることです。この言葉は大好きなてんつくマンの言葉です。自分の機嫌を自分でとるためには、とにかく動くことです。そこで皆さんにお勧めしているのが**ハッピー・テロ**（笑）。誰かがハッピーになるいたずらを仕掛けることです。ここで大切なのは決して良いことをしようってことではありません。ただただ自分の機嫌を自分でとるために、**自分以外の誰かを利用させてもらってご機嫌になろう**ってことです。

例えばこんなハッピー・テロはどうでしょう。名付けて『**コインパーキングでハッピー・テロ（笑）**』。皆さんの中で車に乗る方にお勧めなのが、このやり方です。街中で自分の車をコインパーキングに停めたあと、用事を済ませて帰ってきて駐車料金を払うのですが、そのとき、そのパーキング内に停まっている車の中から「ＢＡＢＹ ｉｎ ＣＡＲ（こどもが乗ってます）」っていう札の付いている車を探してみてください。

そしてもし「ＢＡＢＹ ｉｎ ＣＡＲ」の札が付いている車があったら、その車が停まっている駐車番号を入力し３００円だけ入れて、バレないようにすぐさま駐車場を立ち去ります（笑）。値段は読者の皆さんにお任せしますが、きっと300円ぐらい入れたところで、その車の持ち主にはわからないかも知れません。でもそれでいいんです。**大切なのはいいことをしようってことではないんです。**あくまでも自分の機嫌をとるためにすることです。

間違っても、その車の持ち主が現れて料金が300円安くなったことに気づいたかどうかを確かめてはいけません。それだとおもしろくないから（笑）。

それよりも自分は駐車場をあとにして妄想することです。

きっとこのあと持ち主が料金を払おうと駐車番号を押したら……。

「あれ？　なんかちょっと安いなぁ、まっいいか、ラッキー」

って、ニヤっとしている見ず知らずのその人を妄想するだけで、こっちが笑えてきませんか？

生きているといろいろな状況に遭遇します。楽しいことばかりは起こらない。

だからこそ、ハッピー・テロで自分の機嫌は自分でとることです。

僕はこうして、いつも自分をご機嫌にしています。

Message 12

見返りは求めないこと

「これだけしてやったのに……」
「あれだけ面倒を見たのに……」

見返りを求めてしまう話は後を立ちません。これ、なかなか難しいことだと思うんですよね。苦労した状態が強ければ強いほど、特に人間関係が絡んでくると、つい求めてしまう気持ちも強くなるのはわかる気がします。

僕は、そういうことに遭遇したとき、いつも自分の母親のことを思い出します。我が家は早くに父親が他界したので、母親が1人で僕を育ててくれました。今の時代だってそうですが、昭和の50年代は、女性が1人で働いて子育てをするには大変な時代でした。まだまだ社会は男性のエネルギーが中心です。そんな中で、僕を育てるため必死になって母親は働いてくれました。

母は別に、僕の将来に期待しているとか、与えたぶんだけ元をとろうなどと、はなっから見返りを求める気持ちなんてありません。単純に、ただ必死になって我が子を育ててくれたわけです。

自分が病気になって、体を壊してまでも、子どものために力づくで生き抜いてくれた母親の姿は、やっぱりめちゃくちゃかっこいいと思うんですよね。
誰に対しても無条件に何かをして差し上げる。その心根の純粋さ。

もし、「人を光らせる人」が見返りを求めて動いた場合、やっぱり、どこかが濁ると思うんです。「**自分が投げた球は自分に返ってくる**」とは真理ですが、濁りをもって人を光らせようとしたら、同じく濁った球が自分に返ってきたり、もしくは自分の大切な人に返って来たりするものだと僕は思っています。そういう事例をいっぱい見てきました。それで苦しんでいる人や失敗した人もたくさん知っています。

同じ投げるなら、やっぱりいい球を投げたいですよね。

国によっての差はありますが、これまで何度か海外旅行に行ったとき、僕が日本人というだけで、とても良くしていただいた経験が何度もありました。積極的に笑顔で案内してくれたり、とても気さくにフレンドリー精神で接していただいたり。いつも笑顔で接してくれる姿には、感動すら覚えたほどです。

思わず訊ねました。「**どうして、そんなによくしてくれるんですか？**」と。

答えはすごく清々しいものでした。僕たちの先祖の皆さんが、その国のために尽力を注いでくれた。見返りなんてまったく求めず、誠意をもってその国に良かれと思う様々なことに取り組んでくれたわけ。そういう歴史がありました。

その国の人たちは、時代が変わっても、世代が変わっても、その恩義を忘れなかったのですね。

「**ご先祖たちが受けた恩を、その子孫である、あなたたちにお返しします**」

そのような循環。とても優しい気持ちになります。


「お前を光らせるために、オレはこれだけやってやったんだぞ！」

なんだか見苦しいし、カッコ悪いですよね。

自分でこっそり思うだけにしておきましょう（笑）

Message 13

自分をさらけ出すこと

思慮深く、時には戦略的に自分をプロデュースできる人がいます。自分をどう見せればいちばんよく伝わるのか、カッコよく見せられるのか、とかね。ブランディングなんて言葉を使う人もいるほどです。そういう人に出会うと「すげ〜な〜」って思うのですが、じゃあ、「自分はできるか？」と問われれば……すかさず「香取、無理です」と答えます（笑）。

僕の場合は、いつも**「さらけ出し系」**です。自分の性格もそうですが、もっているものを全部広げて出したくなるんですよね。そのほうが相手も安心するんじゃないかな、なんて思ったり。もちろん、さらけ出す相手はよく見ますよ。藪《やぶ》から棒に、常にさらけ出し全開だと、それはただのバカです（笑）。

これは**8つの項目の7つめ「アホになること」**にもつながりますが、「ここぞ！」というときに自分を全開にさらけ出せるよう、日頃から準備をしておくことが大事です。要は、**出し惜しみをしない**ことにもつながります。

以前、新入社員研修の一貫として、**「試用期間中の里親制度」**を提案し、実施したことがありました。どういうことかというと、新入社員が配属された部署とはまったく違う部署の、3～4年くらい先輩たちが試用期間中に面倒をみる、というもの。まずはメル友（当時はLINEなんてありませんでした）になって、毎日「今日はどうだった？」と新人に訊ねるわけです。

そして月に1回、1人3000円までの範囲で食事を一緒に楽しみます。その金額だとお店の滞在時間も長くならないし、直属の部署では言えない悩みでも他部署の先輩なら気持ちも楽なもの。そうやって、6か月間を伴走していくのです。

ただし、この社員研修は、それだけでは終わりません。なんと、里親となった先輩たちは、新人に内緒でみんなの親御さんに会いにいきます。

「里親をやらせてもらう許可を親御さんからもらってくること」

新人研修のみならず、先輩たちの研修にもつながっているわけです。

新人本人にバレないよう親御さんたちにアポをとって、

「お宅のお子さんの里親を6か月間やらせていただく○○と申します」

そして、親御さんたちには、自分が生まれてから今までの話を全部さらけ出して話します。

「私は、どこどこで生まれて、こんなふうに育てられ、このような経緯で会社に入社しました。今は、このような仕事をしています。こんな私ですが、お子さんの〝里親〟をさせていただきたいんです。許可をいただけませんか？」

親御さんたちもびっくりしますよね。「なんなんだ、この会社は？」と。話を聞いて最初は驚かれますが、応援してくれる親御さんたちがほとんどです。

1か月くらい経ったとき、親御さんたちにはこんな話をします。

「実は毎月1回、お子さんとご飯を食べに行くのですが、今こんなことで悩んでいまして……」

すべてさらけ出しです。すると親御さんも同じ気持ちになってきて、「では、こう言ってやってください」なんてアドバイスをくれたりして、応援する気持ちがお互いに湧いてくるわけです。

新人研修の最終日。こっそり親御さんたちに書いていただいた手紙を先輩社員が代読します。新人の本人も先輩も、聞いているみんなが号泣です。

そうやって、みんなの気持ちがひとつになっていくのです。

Message 14

いつも好奇心が旺盛であること

僕たちは、ほんとうに知らないことだらけだと思うんですよね。人生が10
0年時代になったって、地球上に存在するすべてのことを知るのは無理な話ですし、一生のうちでご縁ができる人だって、全人類の人口のほんのひと握りでしょう。

そんな知らないことだらけのことを教えてくれる人たちを大事にする意味でも、僕の口癖は、とにかく**「すげぇ」**と言うことです。これね、僕は**魔法の言葉**だと思っています。とにかくわからない、知らないことに遭遇したら、

「マジっすか？　それ。すげぇ！」

口にしてみてください。すげぇ、すげぇを連発していると、聞いた相手も素直に教えてくれるものです。僕の場合、自分で勉強するのが苦手だから、ことあるごとに「すげぇ」を言って、もうこっちは好奇心が旺盛ですって、それこそさらけ出すわけです。そうやって、いろいろなことをどんどん教えていただいて吸収していくうちに、自分自身も輝き始めるんですよね。

「ありがとうの反対は当たり前」

そんな言葉を教えていただいたことがありますが、世の中なんでも当たり前に存在しているものなんてありません。

例えば、電車ひとつとっても、日本に住んでいたら時間どおりに来ますよね。もちろん、ダイヤの遅れや突発的な事故などで遅れることはあっても、普通は数分の誤差でちゃんとプラットフォームに電車が到着します。そんな国って少ないでしょう。

それを実現するための運転手さんがいて、車掌さんがいて、全体のシステムに携わっている人がいて……。好奇心が旺盛な人って、そんな些細なことにまで思考を巡らせながら驚きや感動に心を結びつけていく。みんなが力を尽くしてくれるからこそ、僕たちは時間どおりに目的地へとたどり着けるんだ、ってね。

どこに行ってもほしいものが手に入ることも、全然当たり前じゃないですよね。災害があったときなど、毎日、スーパーマーケットやコンビニエンスストアに物が山積みになっているのは、「ああ、これって誰かが運んでくれていたんだよなぁ」と気づけるわけです。

スイッチを入れて電気がつくことも、その電気をつくってくれている人がいて、届ける人がいて、たとえ何かの都合で止まっても復旧してくれる人がいて。そんないろいろな人がいるからこそ社会は成り立っています。

好奇心が旺盛な人って、そういう当たり前のことが、当たり前じゃないと気づいて、謙虚な気持ちになって、何も知らない自分を「知らないから教えてくださ い」と頭《こうべ》のひとつもサッと垂れることができる人だと僕は思っています。

好奇心が旺盛なことって、自分がいつも真っ新であることと同じです。年齢を重ねることで、カラダにガタがきても、頑固で頭が硬くなっても、好奇心がいっぱいあれば、柔軟さが生まれてくるはずです。伸びた竹が強風に煽《あお》られても常にしなやかに揺れるように、自由に振れ幅を楽しめるようになるでしょう。

人を光らせる人には、そのような柔軟性が必要です。そうすることで、光らせたい相手の何をいちばん光らせればいいのかも、冷静に判断することができると僕は思いながら、今日も知らないことに心がワクワクしています。

Message 15

正直であること

これはもう、言葉どおりですよね。やっぱり人間ですから、ときには自分をカッコよく見せたくなったり、時には嘘のひとつもつきたくなったりすることはあると思うのです。「嘘も方便」という範ちゅうでね。

でもね、付け焼き刃のカッコよさや、苦し紛れの嘘って、必ずバレるものですよ。ほんとうに、すぐにバレる。そんなことをしても自分の器が小さくなるばかりです。もったいないです。命の無駄づかいでしょう。

僕はいつも思うんですよね。「**人間力**」でいちばん大事なのは、「**約束を守ること**」と「**正直であること**」、このふたつなんじゃないかって。

言い訳をしたくなるときもありますよ。だけど、あえて正直でいること。失敗したことも、うまくいかなかったことも、正直に間違いを正せば、それは信用にもつながります。信用のない人間に「人間力がある」なんて思わないです。

だから、やっぱり人間力を高めるためにも、正直であるほうがいい。ひと昔前には「正直者はバカを見る」なんて揶揄《やゆ》されていましたが、正直であることを、どこかで誰かが必ず見てくれているものです。

一生付き合える仲間と出会えるかどうかも、僕は正直であることと関係していると思います。「そんな仲間、いないかなぁ?」なんて探しているうちは、たぶん巡り会わないでしょうね。

「あいつはちょっとアホだけど、でも一生付き合えるよね」

どうですか?　そういう人が1人でも2人でもいる人は、ちょっとその人のことを思い浮かべてみてください。そして、どんな特徴があるか自己分析してみるのです。

「どうしようもないやつだけどさ、アイツは正直だから」

そんな言葉をよく聞きます。正直だからこそ、こっちも腹を割って正直な自分を見せられる。素直な気持ちで付き合える。そこにつながるはずです。

僕が心から尊敬する兄貴分、浪速のメンター「ナニメン」こと、習慣形成コンサルタントの吉井雅之《よしいまさし》さんは、いつも僕に背中を見せてくれる人です。とても素直で正直なナニメン兄さんは、心根の深いところでいつも僕を心配してくれて、大事にしてくれるんですよね。

「いやぁ、俺は香取に憧れて、香取が好きだから。いつも俺に〝運〟を運んできてくれるんだよ」

そんな嬉しいことを言ってくれますが、それは逆でしょ。いくつになっても思考が柔軟で、心が素直で正直だから、どんなことも吸収して僕たちにアウトプットで教えてくれます。そのしなやかさは正直の何ものでもありません。

「人の悪口を言わない」

そんな当たり前のことでもなかなか実践するのは難しいですが、正直な人って、悪口を言わないことと比例していると思います。正直なことと思ったことを何でも口にするのとは、まったく違いますからね。

正直者は、とにかく気持ちがいいです。曇りがなくて、いつも晴れやかな人が多いと僕は感じています。いつも心は正直に、そして喜楽で生きる。最高な生き方だと思います。

Message 16

アホになること

さらけ出すことと同じジャンルに入るのが**「アホになること」**です。

妙に賢いふりをしたり、カッコつけたりするから苦しくなってしまうことってあると思うんですよね。元々、僕なんて学歴もないし（最新学歴はありますよ！）、常識もあまり知らないので、なんでも**「マジっすか？　すげぇ！」**って驚きながら、アホ丸出しで人とつながっていきます。

もうね、アホになったもん勝ちだと思うんですね。

「アホになる」って、僕の美学でもあります。

どんなに賢い人だって、全方向の知識をすべてもっている人なんて、そうそういないはずです。そう思いませんか？

例えば、「時間」でいうなら「1秒」を決めた人って、すごく賢いし偉いですが、ではその人が、おそらく海の「クラゲ」が卵で生まれるか、クラゲのまんまで生まれるかなんて知らないと思うんですよ。

「渡り鳥」がどうして季節をまたぎながら、再び群れで同じ場所に戻って来られるのか。「カマキリ」のメスは、なぜ交尾のあとにオスを頭から食べてしまうのかなんて、知らないと思うんですよね。きっと興味もないでしょうけれど（笑）。だから、知らなくても別段、恥ずかしいことではないんです。知らないことがあって当たり前。知らないことを「知りません」とはっきり伝えて、**「すげぇ、知らないです。だから教えてください」**ちゃんと伝えてみてください。

ただし、大事なことがありますから、それはしっかり守るように。

何かというと、**「アホの鉄則」**です。

例えば、教えられたことが仮に実践を伴うようなものならば、**教えていただいたことを素直にすぐ実践して、正直にその結果を報告すること**です。教えていただくだけいただいて、なんの報告もしないのはいちばんいけません。

「自分なりに実践してみたら、こうなりました！　こんなに上手くいきました。教えてくださって、ありがとうございます！」

そうすると、さらにかわいがってくださることは間違いありません。もっといろいろなことを教えていただけて、自分を成長させることができるでしょう。

次に大切な鉄則は、**教えていただいてから実践してみて、すごくよかったことは仲間に伝える**のです。

「○○さんからこんなことを教えていただいたんだけど、実践してみたらすげぇよかったよ。ちょっとやってみたら？」

そうやって、どんどん、どんどん広めていくわけです。そして結果を集めて教えていただいた人に報告する。まわりの仲間全員に伝えて実践して、よくなる人が増えてくれたら、みんなが幸せな気分になれるじゃないですか！　よくなる人の数が多ければ多いほど、教えた人もすごく喜んでくれると思うんですよね。

アホだからできる3つのこと

先ほど、一生付き合える仲間ができるかどうかって話をしましたが、僕は**アホのほうが仲間はつくりやすい**と思っています。なぜか？　それは素直に正直に、なんの駆け引きもしないで仲間をつくり、仲間から応援されて、そして仲間との絆も深くなっていく……。賢く頭で考えても、仲間づくりなんて戦略的には絶対にできませんし、計算して形になるものでもありません。

「仲間・応援・絆」

それらが次の素晴らしい現象を生むわけです

「同志ができる」

同じ志をもった者どうしの集まりになれること。つまり、

「仲間・応援・絆＝同志」

こういう関係性になると思うんですね。うわべだけで付き合うのではなく、もっと人間らしく深くつながっていく。もちろん、それがゆえにしんどいときだってありますよ。相手のことを思って、良かれと口にした言葉が予想以上に相手を傷つけてしまうことだってあるでしょう。厳しいのは覚悟で、誰かが誰かに苦言を伝えることだって生じます。

それでも応援し合い、助け合いながら絆を深め、同じ志で向かうべきところへ

と進んでいく姿は、頼もしくもあり、「決して1人じゃないんだ」と勇気づけられます。

アホだからできる「100日」チャレンジ

僕のまわりには、とにかくチャレンジ精神旺盛な人たちがたくさんいます。みんな生粋のアホなんですね（笑）。毎年、みんなでいろいろなチャレンジをしていますが、「世界で一番走る書家」という名で活躍している上山光弘《うえやまみつひろ》は、ちょっと頭がおかしいやつで数年前、「100日連続100キロウルトラマラソン」にチャレンジすると言い出しました。はぁ？ でしょう。「それ、死ぬぞ」の話です。でも光弘は、その直前、「100日連続フルマラソン」にチャレンジして、見事に達成しているわけです。恐るべしアホ魂。

「なんで100日なの？」

「100日やったら人生が変わるんです。だから僕はやります」

光弘のチャレンジは世界中から声援を受けましたが、あえなく6日目でリタイヤ。やはり毎日100キロは、さすがの光弘でもキツかったようです。

こうやって、僕たちの仲間はいろいろな「100日」にチャレンジしました。崔燎平はYouTubeの100日連続配信にチャレンジしましたし（現在も更新中）、元小学校の先生で今はカウンセラーや作家、講師業でも大活躍の香葉村真由美《かばむらまゆみ》さんは、Facebookで100日のおかずレシピを公開されていました。元格闘家の大山峻護《おおやましゅんご》さんも「一日三善」を実践しながら今でも配信し続けています。

同じ仲間の「レッド」こと赤星頼信《あかほしよりのぶ》くんが、Instagram 100日アップにチャレンジしています。順調に配信しているようです。

僕自身は、音声メディアで人気のVoicyで100日連続にチャレンジしました。やっていると、自分自身、熱が入ってくるのは当然なんですが、聴いてくれているリスナーの皆さんも一緒になって伴走してくれて。嬉しいですね。

だんだん100日目が近づいてくると「まさか100日で辞めないですよね？」なんて、励ましというか要求が大きくなってきて、今は1000日にチャレンジ中の、ちょうど600日くらい。なんだか呼吸をするように習慣化してきました。配信しないと気持ち悪くなってきています（笑）。もうアホの極みですね～。

確かに100日チャレンジは、やり続けていると自分の中が整ってくるといいますか、**それまで存在しなかった「芯」のようなものが生まれてくるんですよね。「軸」と表現してもいいかもしれません。**それがあるから、毎日のものの見方も変わってきますし、見方が変わると思考も変化して、新しい発見がどんどん湧いてくる。それは講演家としてのネタにもつながってきます。

今、新たにチャレンジしている「1000日」なんて、さらにヤバい数字でしょう。比叡山延暦寺の千日回峰行とか、千羽鶴とか、「〝1000日〟でカミになる。ほんとうに人生が変わるよ」っ聞いたので、「なんで？」って質したら、

「1000円札からカミ（紙）になるから」

だって！　アホかっ！　間に受けたわ（笑）。

やるなら、とことん最強の「アホ」になりましょう。

Message 17

ご先祖さまを大フィーバー

自分自身がいつもご機嫌でいられるからこそ、光らせたい人を光らせることができる……。

本書で何度も伝えていることですが、ご機嫌で目の前の人を光らせるのって、これは言わば**「横軸」みたいなもの**なんです。光らせて、光らせて、される側もする側も、みんなが光って仲間や同志ができるけれど、まるで両手を広げるようにして、人と人が横につながっていくイメージです。

実は、もうひとつ大事なことがあるんです。なんだと思いますか？

それは**「縦軸」も光らせる**ことです。えっ？　縦軸って何？

何だと思いますか？

「エピソード1」のP68にも書きましたが、ご先祖さまとのつながり。お父さんとお母さんがいて2人。お爺ちゃんとお婆ちゃんがいて4人。ひいお爺ちゃんとひいお婆ちゃんがいて8人。そのまた上に16人。そのまた上に32人。

10代前だと1024人になり、20代前では104万8576人、27代前だと1

億人を突破してしまう計算です。僕だけが特別じゃないですよ。そこのあなたにも、あなたにも、全員に等しく同じ数だけのご先祖さまがいらっしゃる。

これが縦軸です。

それをしっかりと光らせるって、どういうことでしょうか？

もちろん、お墓参りも大事なことですし、日常の暮らしの中でご先祖さまに思いを馳せることは何よりも喜ばれる行為でしょう。でも僕は、それと同じくらい、いや、それ以上に大事なことがあることに気づきました。それを教えてくれたのは、ある教師の話を聞いたからでした。

いちばん身近なご先祖さまは「親」

それは、熊本県内の6校の校長を務められた名校長・大畑誠也《おおはたせいや》先生が行われていた「**最後の授業**」のことです。大畑先生は卒業式が終わったあと、卒業していく3年生とその保護者全員を視聴覚室に集め、あることを実行しました。

保護者全員が生徒の席に座り、生徒たちは親の横に正座させるそうです。

「今まで、お父さんやお母さんにいろいろなことをしてもらったり、心配をかけたりしただろう？　それを思い出してみろ。交通事故に遭って入院したものもいれば、親子喧嘩をしたり、こんな飯は食えんとお母さんの弁当に文句を言ったりした者もおるだろう。

お前たちを高校へ行かせるためにご両親は一生懸命に働いて、そのお金をたくさん使われた。そういうことを考えたことはあったか？　学校の先生に『お世話になりました』という前に、まずは親に感謝しろ！」

大畑先生の話を聞きながら、涙を流す生徒や親もいるそうです。

「心の底から親に迷惑をかけた、苦労をかけたと思うものは、隣におられるお父さんやお母さんの手を握ってみなさい」

1人、また1人と最後には全員が親の手を握るのです。すると大畑先生は声を張り上げながら言いました。

「その手がねぇ、18年間お前たちを育ててきた手だ！　わかるか？　親の手をね、これまで握ったことがあったか？　お前たちが生まれた頃は柔らかな手をしておられた。今は、どうだ？　ゴツゴツした手をしておられるのは、お前たちを育てるために大変な苦労をしてこられたからだ。それを忘れるな。

そして、この18年間を振り返って、親にすまなかった、心から感謝すると思う者は、今一度、強く手を握れ！」

視聴覚室の中はあちこちから号泣や嗚咽《おえつ》の声が聞こえてきました。

「よし、目を開けろ。わかったか？　私が教えたかったのはここだ。親に感謝、親を大切にする授業、終わり！」

お母さんの手を握れますか？

「最後の授業」の話を聞いて心から感動した僕は、さっそく仲間に伝えました。

「俺たちもやろうぜ」って。

「ちょっと照れくさいけれどさ、お正月中にお母さんの手を握って、どこかへ一

緒に行くこと。これ、新年会までのミッションにしようぜ！」

もし、ここで握れなかったら、次にお母さんの手を確実に握るのは……。**看取る時です。**ほんとうにそれでいいですか？

と言いながら、僕はなかなかお母さんの手を握ることができませんでした。

僕の家族は12月31日に、みんなでお礼参りをします。母親が1人で住む実家の目の前の東側が海で、西側は山になっています。山のほうに神社があるので、その神社に登って沈む夕陽に手を合わせながら、今年1年の感謝の気持ちを表現するのです。

僕はそのとき、ほんとうに久しぶりにお母さんの手を握りました。**「俺を育ててくれた手かぁ……」**そう思うと自然に涙があふれてきました。手をつないで歩きながら、心の底から感謝があふれて止まりませんでした。

「ご先祖さまを大フィーバー」させるとき、まずはいちばん身近なご先祖さまであるお父さんやお母さんに感謝の思いを告げてください。そこから始めるなら、「縦軸」はもっとが輝きを増すでしょう。覚えておいてくださいね。

できるなら一度はやってほしいこと

今年の12月31日までに
母親と手をつなぐ
できなかったやつは
来年の新年会でおごる
という賭けをした
おもしろそうだな!!
みんなでやろーぜ!!
なんでそんなできんだよ
やりました!!（続々届く報告メール）
恐怖の
ピロンッ
今日は12月31日…
やってないのはオレだけに
なっていた
…今日は実家の近くの
神社にお礼参りに行く
…手をつなぐならここだ
母ちゃん、手を
つなごうか!!
はぁ〜!?
どうした?!
熱でもあるとか??!
い…いいじゃねぇか!!
ほら、手をつなごう!!
（必死）
日が沈んで
暗くなったし
…母ちゃんの手、こんなに
小さかったけ?
しわしわで弱々しいなぁ
足元気をつけろよ
はいはい
あぁ…この手が
オレを育ててくれたん
だよなぁ…
こみあげてくるものがあった
感謝しかなかった
ありがとう
ゴーン
ゴーン
そんな年の瀬の
お礼参りでした

エピソード3

ようこそ、ネクストステージへ！

Message 18

どん底から
ドラマが始まり
そのドラマが
感動になる

「最高の人生」って、皆さんはどんな人生をイメージしますか？　地位や名誉を得ることができた人生？　大金を手にできた人生？　大好きな人たちに囲まれた人生？　きっと人それぞれに、いろいろな「人生」が想像できると思います。

僕は、こう思うんですよね。あの世に行ったとき、神様から聞かれる。

「今世はどうだった？」

「最高でした。香取貴信。最高の人生でした。ほんとうにありがとうございます」

「そうか、よかったな。では……」

神様からの次の言葉を聞いたとき、あなたはどんなリアクションをしますか？

「よし。じゃあ、次も香取貴信で、もう1回行こうか」

きっと僕だって、一瞬、体が固まると思うんですよ（笑）。

「えっ？　もう1回……ですか？　う〜む……」

となるか、それとも、

「まじですか？　いいんですか？　よろしくお願いします！　もう1回お願い

します！」

笑いながら言えるかどうか。

こんな質問をしている僕自身、自分がどんなリアクションをするかわかりません。だって、まだ生きていますからね（笑）。でも、もしそう言えたら、それこそ**「最高の人生」**だと思うんです。

本気でもう一度、これまでの記憶はすべてなくなって、同じ人生で、同じように同じことが起こる。だけど「もう1回行こうか」と言われたときに、

「ありがとうございます！　ぜひやらせてください！」

って言えたとすると、きっと今世はしっかり生ききって、最高の人生だったんじゃないかと思えるはずですよね。それが、

「いや、ちょっと、もう……。次回は違うのでお願いできますかね？」

なんて弱腰になるということは、たぶん心残りや、やり残したこと、「もういいよ」とは思えない、学びきれていない学びがあるのではないでしょうか。

できるなら目標は、自分の人生が終わったときに、

「よし。もう一度、初めから香取貴信な」
「よっしゃ!　ありがとうございます!」
元気よく言えるくらいの自分でありたいと思います

自分の人生を振り返ったときに、決して良いときばかりじゃないです。もしかしたら悪いときのほうが多いかもしれない。日に日に老いていく肉体をもつことだって不自由と言えますし、喜怒哀楽の感情を抱きながら生きるのって、楽しいことばかりじゃない。

「最高の人生」を考えたとき、若い頃の僕は「成功すること」ってイメージしていましたが、今は「功」の字を「幸」に変えて、

「成幸すること」

だと思っています。そして**人生とは、とにかく人を喜ばせるゲーム**みたいな気がしています。どこまで人を喜ばせることができるか、香取貴信が存在することで楽しんでいただけるか。そういう人生こそが「**成幸**」につながるのではないで

しょうか。

そう思えるきっかけになった出来事が自分の身に起こりました。

そして、僕は一気に、どん底へと突き落とされたのです。

「死んだほうが楽だな」と真剣に思った日

2019年3月末日のことです。僕の嫁が家を出ていきました。

今思えば理由はいくつかあったのですが、そのときは突然のことだったので頭が真っ白になりました。当時、僕のところには同年の4月から新しく高校1年生になる息子を筆頭に、中学2年生、小学5年生の子どもがいました。

「どうしてなんだろう?」

そう思う前に、僕には怒りしかありませんでした。と同時に、残された子どもたちを幸せにしなきゃならないと、慌てる気持ちでいっぱいでした。

全国のいろいろな学校から講演に呼ばれていくと、よく子どもたちから次のような質問をされます。

「香取さんは、死んじゃいたいと思ったことはありますか?」

そのような質問が出るっていうことは、子どもたちもそう思ったことがあるということです。

「悪りぃ、ねえわ」

僕はいつも笑って答えていました。

「ごめん。聞く人を間違えているよ。逆はあるよ。死んでしまいたいは思わないけれど、〝殺したい〟と思ったことはいっぱいある(笑)。そういう君は、死にたいと思ったことがあるの?」

「まぁ……あります」

「なんで? いじめられたりとか?」

「そんなところです」

「いじめられたほうが死んじゃうのは理に合わないよ。だから死ぬなよ。君が死ぬことはないよ。もし死んじゃいたいと思うなら、その相手を殺しちゃえ。いじめたやつを殺してから死んだほうがいい！」

過激な物言いなのはわかっています。けれど、それくらいの覚悟で生きてやれ！という、僕流の励まし方です。相手に向ける強い気持ちがあれば絶対に生きられる。だから自分から死んではいけないよ、と。

しかし、嫁が出て行った直後の僕は、人生で初めて「死にたい」と思いました。なんで俺がこんな目に遭わなきゃならないんだ、心の中は真っ白から真っ黒になり、誰も信じられなくなって「死んだほうが楽だ」と本気で思いました。

いっそのことマンションのベランダから飛び降りて楽になりたいと試みましたが、無理でした。僕の家はマンションなんですが1階です。地面までの段差はわずか5センチしかなかったんですね（笑）。でも、気持ちのうえでは「死」を選びたい思いがありました。

4月といえば桜がキレイな季節です。けれど、僕の視界に見える景色は、白黒にしか見えなくなって、すべてがモノクロームとなりました。当然、仕事もこなさなくてはなりません。講演活動も、新入社員研修もびっしり詰まっています。いつもの〝**明るくて元気な香取貴信**〟のまま、皆さんの前に登場しなければなりませんでしたが、プライベートではボロボロな自分がいて、このままだと精神的にヤバいな、と。心が乖離《かいり》しておかしくなる自分を強烈に予感したほどです。

精神科にも行きましたが、「ショックが引き起こすパニック症でしょう」と、医者から薬の処方を勧められました。しかし僕は、どうしても薬だけは飲みたくなくて、なんとか自分の力で落ち着こうと試みましたが全然うまくいきません。

僕の変化にすぐ気づいた仲間たちが、

「香取、大丈夫か？　何かあったのか？」

と連絡をくれましたが、そんな声にさえ、もう対応できない自分がいました。それでもなんとか近しい仲間にだけは事情を話しました。すると、仲間たちは言葉少なめですが、

「お前、えらいことになったな。でも大丈夫だぞ。俺たちがいるからさ」

救われました。ほんとうに心から「助けられた！」と思えたんです。

Message 19

何も聞かずに、
ただひと言
「飯でも食おうぜ」
と言う

誰かに話を聞いてほしいときってありますよね。仲間の様子がおかしいなぁと感じたとき、僕もさり気なく相手に連絡をして、ただひと言**「飯でも食おうぜ」**って言います。

多くの言葉はいらないんです。話したければ話せばいいし、話したくなければただ一緒にご飯を食べればいい。僕は単純に、親友ってそんな関係でいいと思っています。

「何をもってして親友なのか？　ほんとうに心を通わせる親友や同志って、どんなやつなんだろう？」

そう考えたとき、やっぱり**「食べること」**が頭に思い浮かびます。呼吸をするのと同じように食事って大事な営みです。生きていくうえで必要な行為のひとつを一緒に分かち合う。時間を共有する。体の緊張感もゆるんで、気持ちもほぐれていく瞬間でしょう。そのとき、誰が一緒にいてくれるのか？　一緒に何をやっているのか？　このとき、ほんとうの親友の価値がわかると思うのです。

僕がどん底に落ちてしまったとき、高校時代の親友の1人、コウタロウに電話をしました。彼の声を聞いたとしても、そのときの僕は、自分の身に起きたことをうまく言語化できずに落ち着かない毎日を送っていたので、自分が彼に話せないこともわかっています。

「おう、香取。元気か？　どうした？」

「うん、まぁな……」

突然の連絡にコウタロウも「これは、タダごとじゃねーな」と察知したのでしょう。歯切れの悪い僕が話すのを待つ前に、

「とりあえずよ、何か話があるんだったらウチに来いよ！」

電話をきったあと、僕にはコウタロウの行動が手にとるようにわかりました。きっと彼はそのとき、僕が来る前に自宅の冷蔵庫の中を見て、どんな料理ができるかを考えたはずです。

「話があるなら来い！」と言いながら、たとえ話が聞けても、聞けなくてもどちらでもよく、**「飯でも一緒に食えりゃいいか」**くらいの軽い気持ちで僕を迎え入れてくれたのでした。

案の定、僕が自分から話をするまで、彼は何も聞いてきませんでした。

そしてひと言、あのセリフを聞かせてくれたのです。

「どうだ？　飯でも食うか？」

誰に言うわけでもなく、まるで独り言のように……。

「何ももてなすものはねえけど、握り飯くらいなら用意できるぜ。腹減ってねえか？　そんなもんでよければ食っていけよ」

ゴツゴツした手で、それでも一生懸命に握ってくれた不揃いの大きさの握り飯は、どんな価値のある食べ物にも負けないくらい高価なものでした。

「腹一杯になってから帰ればいいじゃん。なんだったら泊まっていってもいいぜ。こんな汚ねぇところだけど」

「ありがとう。今日は、泊まれねえよ」

「そうか、そうか。じゃあ、また来ればいいじゃん。待ってるし」

決して変わらない親友の心づかいに、どれだけ助けられたことか。

感謝の思いが尽きません。

親友や同志って、相手の力になってやりたいって常に思っています。悩みがあるならその理由を知りたいし、話だって聞いてあげたい。でも、今その人が相手に話をして受け入れる余裕がないなら、あえて僕も何も聞きません。

「とりあえず飯だけ食っとけ。そうしたら死なねえよ」

そんな感じです。話したけりゃ、話せばいい。

親友から「最近どう？」みたいな電話がかかってきました。

「ああ、こいつなんかあるんだろうな？」

そいつの声のトーンで、すぐにわかりました。

「とりあえず飯、食いに行こうか？」

結論的にはお金の話だったんですね。借金して、苦しくて。僕に相談しようとしたけれど、やはり踏ん切りがつかない……みたいな。こいつが話したくないなら聞かないほうがいい。僕はそう感じて飯だけおごりました。タイミングがあると思って。後日、親友はこう話してくれました。

「実はあのときさ、借金で苦しくてな。どうしようもなくてお前に相談しようと思ったけれど、顔を見たら言えなくてな。でも、お前はそれを悟ったのかどうかわからないけれど、何も聞かずに飯をおごってくれた。嬉しかったよね。もし、あそこで理由を聞かれたら、俺もつらかったと思う」

僕は、自分の子どもたちにも同じように接します。

「ほんとうにヤバかったら言ってこい。俺はいくらでもお前たちの味方をしてやる。命をかけてでも俺はお前たちを助けるからな」

子どもたちも、よく飯を誘います。とりあえず、食っていれば死なねぇから。幸せな気分になるもんじゃないですか。四の五の言わなくていいですよね。食べるって行為を共有していると、きっと心で通じ合える部分ってあると思うんです。そこだけ確認できれば、必ず根本は整っていく。

「まずは〝飯でも食おうぜ〟。そこから始めよう」

僕は魔法の言葉だと思っています。

Message 20

とんでもない出来事から人生のステージは上がっていく

とにかく僕にとって、2019年は試練の年でした。

憎しみと悲しみが入り混じっていて、気をゆるすとすぐに怒りの気持ちが湧き上がってきました。「なんで裏切られたんだ？」とか「なんで俺はこうなるんだろう？」とか、いろいろ巡らせていたわけです。

そこで、僕はご縁を手繰り寄せながら、自分の師匠の師匠、つまり大師匠に相談することにしました。どん底の日々になって1か月が過ぎた頃のことです。

余談ですが、様々な出来事が起きる人生において、僕は**「師匠」という存在**を大切にしてきました。何かに迷ったとき、実際に相談するかしないかはさておき、師匠という存在があると大きな指針になります。羅針盤《らしんばん》と言い換えてもいいでしょう。人間は誰もが迷いながら生きているものですが、生きる糧《かて》にもなります。人生の師匠がいる喜びを味わってほしいと思います。

僕には3人の師匠がいます。福島正伸さんと角田《すみだ》識之《のりゆき》さん、そして鬼澤《おにざわ》慎人《まさと》さんですが、鬼澤さんの師匠が大久保寛司先生。つまり、僕からすれば大師匠の存在です。そんな寛司先生の時間をいただくことにしたのです。

当時、まだ誰にも話したことのないことを寛司先生にだけ話しました。僕の身に何が起きたのか、そして自分がどんな気持ちでいるのか。寛司先生は、全身で僕を抱きしめてくれました。

僕は、もう号泣ですよ。子どもみたいにわんわん泣きました。寛司先生は、僕を抱いた手をゆるめて、こう言ったんですね。僕は「よく、がんばったね」とか言ってくださるのかと思いきや、

「ようこそ、ネクストステージへ」

そう、ひと言だけ言われました。

「なんでネクストステージへ、なんだろう？」

僕は不思議に思いました。こんなに苦しい体験がどうして次のステージへとつながっていくのか。まったく意味がわからない。

「先生、僕の話は聞いていましたか？」

思わず聞かずにはいられませんでした。

「もちろん聞いていますよ。香取くんは、これで、もうひとつ大きくなれる。もうひとつステージが上がるね。僕はずっと思っていたよ。次のステージに行けるといいなぁって。それを奥さんが後押ししてくれたんだね」

えっ？　なんで？　なんで嫁が後押し？　どういうこと？

「香取くん、相手がそうしたのには、そうしたなりの理由があるんだよ。君にはきっとわからないけれど、それなりの理由があるはずだ。すべてが全部、相手が一方的に悪いわけではないだろ？　香取くんのほうにも、きっと何か原因があったんだよ。それが、この結果を招いただけ。これで君は、ほんとうに努力をするようになるね」

寛司先生は静かに、でも力強くおっしゃいました。

言われていることは頭ではわかります。でも、まだ自分の中に落ちていない。

「んー、いや、俺、ちょっと難しいですね」

僕はそんな返事しかできませんでしたが、それでも寛司先生は、ほんとうに真正面から伝えてくれました。今の僕に何が起こっているのか。それが、なぜ起こったのかを。

「僕はね。香取くん、いいかい？　一流がいて、超一流がいるんだよ。香取くんは一流。だけど、超一流になるのは、超一流になる努力が必要なんだな。君はとても頭が良い。めちゃくちゃ頭が良いんだ。馬鹿なふりをしているけど、めちゃくちゃ頭が良いのを僕はよく知っている。君はセンスもある。才能だけでここまできたんだよ。わかるかな。言ってみたら野球選手だった清原と一緒だよ」

一流と超一流の違い……。なんだろうか？

「最高の才能を持っているんだよ。だけど、清原は努力をしなかったね。だから、一流で終わってしまった。でも、**一流が努力をしたら、超一流になれるんだよ。**香取くんは、今、そのきっかけをもらった。さあ、ここから、ネクストステージで何を学ぶかだな」

大久保寛司先生と会った帰り道、いろいろなことが頭の中に浮かんできました。僕はものすごく記憶力がいい人間なんですね。映像として残っているので、なかなか頭の中から消えません。良いこともそうじゃないことも大半が記憶の中にあるのです。

「どうして俺はこうなってしまったのかな?」

「なんであのときウソをつかれたのかな?」

「なぜ自分がこんな目に遭わないといけないのか?」

寛司先生から言われた「香取くんのほうにも、きっと何か原因があったんだよ。それが、この結果を招いただけ」の言葉。何が原因なのかなぁ? そして同時に付け加えられた言葉……、

「これで君は、ほんとうに努力をするようになる」

〝ほんとうの努力〟ってどういうことですか? まだまだわからないことだらけでしたが、自分が何か大きなことを学ばなければならないことには気づき始めていました。

あの頃、毎日子どもたちの世話をしながら怒りや悲しみが湧き上がってきましたが、僕自身、気づかないうちにステージは確実に上がっていったのでした。

Message 21

自分の人生は
自分の足で立つこと

どん底を味わって、「これって何の学びなんだろうか？」などと考えながらも、最初はそこから学ぶものなんてないよ！　と思っていたんですね。ふざけんなよ、と。怒りの力のほうが大きかった。冷静になれていませんでした。

ところがあるとき、ほんとうにふと思ったんです。

「俺は自分の人生を、ちゃんと自分の足で立っていたか？」

これは、今まで考えたことのない問いでした。腹の底から湧いてきた自分への質問。結局、僕は1人になった。たった1人で、3人の子どもたちも養わなきゃならない。この学びの本質に気持ちを向けたとき、やっと出てきたのが次の答えだったのです。

「自分の人生を自分の足で歩みなさい。本気で生きなさい」

本気で生きる……きっと知らぬ間に、僕は嫁というパートナーに寄りかかっていたんじゃないか。知らず知らずに甘え、してもらうことがあたり前になっていたんじゃないか……。もっと相手の気持ちを考えられたはずじゃなかったか……。

振り返ると、自分勝手なところもたくさんあったと客観視できます。自分の軸をしっかり定めて生きるとは、ちょっとほど遠かったと自己反省しました。

もちろん、まだ相手に感謝するほど人間はできていませんでしたが、今までの自分と、これから学ばないとならない不完全な自分の境目がよくわかりました。ここからがネクストステージなんだろうと、心が定まったのです。


そしてここでいろいろなものを手放しました。

さらに翌年の2020年になると新型ウィルスパンデミックによって、仕事が全部なくなりました。僕のような講師業に携わる人間は、全員大変だったと思います。これまで体験したことのなかった苦しみでした。

でも、今思えばですが、ほんとうに良かったと心から感じています。大変なのは僕だけじゃありません。日本中のほとんどの人にとってしんどかった数年間でした。それよりも新しい出会いやご縁、ちょっと遠ざかっていた人との縁がぎゅっと近くなったり、仲間や同志との絆も深まったりしました。

そして、すごいことが起きました。これ、僕たち家族にしかわからない実感ですが、嫁が出て行ってすぐに、近所にコンビニができ、半年後には、なんと自宅マンションの目の前にスーパーマーケットが新しく建てられたのです。食料をはじめ生活必需品がすぐ目の前で購入できるって、僕たち家族が置かれた境遇には、飛び上がるくらいありがたいこと。

「俺、守られてんなぁ」

心の奥の奥から感謝があふれてきました。よっしゃ〜、この困難を家族みんなで乗り越えてやろうじゃねえか! 何の試練かわからないけれど、やってやるよ! 自分の人生じゃないか。しっかり立って歩いて行こう!

強がらない、意地を張らない、しんどいと感じている自分を偽らないこと。

この体験があってこそ「**自分の機嫌は自分でとる**」ことの大事さをひしひしと感じていた僕がいました。

Message 22

「あれがあったからこそ今がある」と思える生き方をしよう

40

代後半になってから僕はシングルファザーになりました。「これは何のお試しなんだろう」って最初は怒りや哀しみしかありませんでしたが、母親の存在が僕を励ましてくれました。

以前にも書きましたが、僕が小学1年生になった7歳の頃、父親が病でなくなりました。それから母はたった1人きりで僕を育て上げてくれました。自分の体を壊しながらも育ててくれたんですよね。

そんな母親と同じ血が僕にも流れている……母にできたんだから僕にだって絶対にできるはずだ！　根拠のない自信がありました。

僕たち家族が味わった境遇を、僕はなかなか母親には言えませんでした。告白するまでに半年くらいかかりましたね。もう80歳を超えた人が孫たちの心配をする姿を想像したくなかったですし、無用な心配もかけたくなかった。

しかし、いざ話してみると、驚きはしたものの僕たち家族との絆も深まりました。僕の自宅が広くないので母親と同居するのは不可能ですが、行き来する頻度《ひんど》や連絡を取り合う回数も増えましたし、母親の安否確認の意味でも決して悪いことばかりではありません。

「今はつらいかもしれないけれど、時間が経ったら変わるよ」

親切心からの励ましの言葉としてかけられたものの、当時の僕にはまったく響かなくて。

「そんなもん時間が経ってみないとわからねえよ！」

なんて、ひねくれた気持ちが湧いてきたものですが、今はほんとうにありがたいほどよくわかります。どうやって時間が解決してくれるのか？　僕はこう思うんですよね。


「あれがあったからこそ今がある」

僕の人生の中でも一旦、家族が解体されてしまったことは何ものにも変え難いどん底体験でしたが、時間が経ってくるといろいろと起きた出来事のひとつひとつ全部がつながっていくのがわかります。近所にスーパーができたこともしかり、開運アドバイザーの崔燎平とご縁ができたこともしかり、今回の出版が実現したことだって理屈でははかれないことばかりです。

時間が経つにつれ、どんどん新しいことが生まれてきて、積み重なっていって、自分がどれくらい守られているのかを知る。自分が体験しているこのことは、必ず誰かの役に立つでしょうし、自分自身を成長させるきっかけになるでしょう。

起きたことになかなか感謝まではいかないけれど、**「ゆるす」**というのが僕の今世の命題なんじゃないかと思っています。友達に騙《だま》されたり、裏切られたり、「こいつだけは、ゆるせねぇ」と思えることはたくさんありましたが、そのひとつひとつがゆるせるようになると、その対極にある喜びが増えるんじゃないかって。

「怒りと哀しみを抜いて生きなさい。そうすると喜楽になる」

燎平が自分の師匠から教わった言葉を僕にも伝えてくれましたが、ほんとうにそうだと思います。怒りと哀しみから行動したものは破壊と後悔しか生まない。そうじゃなくて**「喜楽な心」**で**「あれがあったからこそ」**と思える自分であること。「ゆるす」とは「緩《ゆる》す」とも置き換えられて、もっと体の力をゆるゆるにすることで究極の真理に近づけると僕は思っています。

Message 23

自分が投げた球は必ず返ってくる

「神様って笑顔の人しか見れないんだよ」

「神様って笑顔の人しか見れないんだよ」という名言（P34）を教えてくれた熊本県在住の陶芸家・北川八郎先生ですが、もうひとつ僕に教えてくれた印象的な言葉があります。

ある日、北川先生と話していると、いきなりこんな話を始められました。

「香取くん、天国も地獄も場所は一緒よ。もっていくものによって、天国になるか、それとも地獄になるか」

「えっ？　どういうことですか？　もっていくものって」

「自分が今世でいろいろな人に与えた思い出。それをもっていくんだけど、あくまでも**相手側に立って、それがどんな思い出かを見る**んだよ」

僕は「思い出」といえば、自分が相手から与えられたものばかりだと思っていました。そんな思い出だけを浮かべるなら、すでに今までも、けっこう幸せな人生だったと言えるでしょう。うん、間違いなく言える。

しかし、北川先生がおっしゃった「思い出」とは、**「相手に与えた思い出」**のことだったんです。そんなこと、今まで考えもしませんでした。

皆さんは、どうですか？　あなたが相手に与えた思い出。思い出せますか？

僕なら「〝香取貴信〟という存在が相手にどんな思い出を抱かせたのか？」になりますが、うわぁ、こりゃマズイです。特に人生の前半戦なんて、はちゃめちゃだったので、きっと嫌な思い出しかない人もいらっしゃることでしょう。

僕がいい人を意識し始めたのも、実は北川先生の話を聞いてからなんですよね。

思い出を「球」と言い換えるとわかりやすいかもしれません。

「香取くんは、どんな球を投げてきたのかな？」

もし、そう聞かれたら恥ずかしくて赤面ものですね。天国か地獄かって聞かれたら、間違いなく地獄行きでしょうね。恐ろしいです。だから僕は投げる球を変えました。きっと死ぬまで変えた球を投げないと全体のバランスがとれないくらいです（笑）。だから北川先生はこう明言されたんですね。

「自分が投げた球は必ず返ってくる」

これをね、開運アドバイザーの崔燎平も自分の体験から話していました。

それは、「投げた球が自分に返ってくるとはかぎらない」と言うのです。ちょっと衝撃的でした。「どう言うこと？」って聞いた答えに、僕はもっと驚きました。

「自分の投げた球が、最も自分が大切にしている人に返ってくることがあるんです」

燎平曰く、それが彼の場合、自分の子どもの病につながったと言うのです。背負った借金をがむしゃらになって返す中で、自分の態度が横柄になったり、まわりに目を向けていなかったり。これは僕の推測ですが、「もっと大切なものに意識を向けること」と、もしかしたらそんなメッセージが彼のもとに届いたのかもしれません。

僕にはからくりの真相はわかりませんが、自分がやったことが、回り回って自分自身に戻ってくることは感覚でわかります。

僕が体験した夫婦間のことも、まだまだ心中は複雑ですが、大久保寛司先生が言ってくださったみたいに相手が一方的に悪いわけではないでしょう。これまで僕自身がどんな球を投げたのか……自分でも振り返ってみたいと思います。

Message 24

お金は入口よりも出口が大事

新型ウィルスパンデミックによって、講師業やリアルなイベントに関わる職業の人たちは、ほんとうにきつい状態に見舞われたと思います。僕も人のことは言えませんでした。大勢の仲間に助けられながら、支え合いながら、みんなで乗り切ったことは記憶にしっかりと残っています。

でも正直なところ、前年の春に起きた夫婦の問題で僕はすでに大きな打撃を受けていましたので、ウィルス騒動から生じた仕事のことやお金のことなどに、あまり縛られませんでした。それよりも、かえって子どもたちのことに意識が集中できたり、自分のことを見つめ直す時間が確保できたりと、決して悪いことばかりではありません。

なかでも「お金の流れ」に関しては、いろいろなことに思いを巡らせました。

「お金は入口よりも出口が大事だぞ」

割と若いじぶんから職場の先輩たちに教えられてきました。要は、お金をどうやって稼ぐのか、その方法よりも稼いだお金をどうやって使うのか？　何に使うかのほうが大事だ、ということです。

僕はディズニーランドで働いて、初めての給料を手にしたときに言われました。

「もちろん自分が稼いだ給料だから、何に使ってもいい。自分のことだけに使うのだってかまわない。けどな、〝初任給〟とは初めての給料のことだよ。君たちがいちばんお世話になった人がいるだろう？　その人に何か気持ちを表現することも大事だよ」

上司の話は続きます。指で胸元を突きながら心の大切さを説いてくれました。

「自分が汗水垂らしながら稼いだお金で、たとえば自分のお父さんやお母さん、お爺ちゃんやお婆ちゃんなど、自分のルーツを喜ばせることができなかったら、お客様や他人様を喜ばせることはできないだろう？　ここ（胸の奥）を喜ばせることをやってこい！」

僕は初任給で母親にプレゼントを送りました。

P93でも触れた新入社員研修を担当したときにも、やはり新人が初めて手にするお給料の使い方を伝えました。当時は「親孝行できないやつはクビでいい」と過激なことを口にしていました。親孝行がすべてのスタートラインだぞ、と。親にできないことが取引先にできるわけがない……全部つながっています。

お金にも気持ちがあるんだよ

何のためにお金を使うのか？　家や車を買うためが目的でもいいのですが、「このお金があったら、もっとこんなことができる」「このお金があったら、もっとみんなに喜んでもらえる」

僕は先輩からこんな話も聞きました。

「お金には気持ちがあるんだよ、気持ちが」

「えっ？　お金に気持ち？」

「だって、お札には顔が書いてあるだろ。あの顔の人たちが『えー、それに使うの!?』と言いながら使われるのか。『喜んで行ってくるわ！』と言いながら使われるのか。どっちがお金のエネルギーが上がると思うか？」

うちの子どももそうでしたが、震災が多い日本で、自分は現地に行ってボランティアをする時間がなくてできないけれど、貯めていた小遣いの中から「父ちゃん、俺も募金するわ」と。「被害・災害に遭われた方がちょっとでも良くなってほしいな」と思って募金する人も多いですよね。

その思いがそのお金に宿ると、きっとお金のほうもこう思うはずです。

「わかりました。行ってきますよ。その思いを受け取りました」

お金にとって気持ちの良い使われ方をすると、お金だって気持ち良くなって、「やっぱりあの人のところにまた帰りたいな。だって、あの人のところに帰ったら、また俺たちは誰かの役に立てるように使ってもらえるんだろうな」

遊びのような寓話的な話ですが、僕はまんざら荒唐無稽《こうとうむけい》ではないと思うんですよね。どんな思いで使われるのか、どんな出口なのかで、お金の入口だって変わってくるでしょう。

子どもを大事にすると親がお礼を言いにくる

ある大企業の中で、社内のゴミをゼロにした人が実践している話を聞きました。その人は毎日、お風呂に入るときに、財布の中の小銭を全部出してきて1枚1枚、まるでお背中を流すようにキレイにするそうです。

「いろいろな人のところを旅してきて、今、ここにやって来てくれた。その労をねぎらいながら洗うのです」

そうすると、どんなことが起きるのか? 子どもたちを大切にしてくれたと、親である1万円札がお礼に来ると言うのです。「ありがとう」と向こうからその人のところにお札がやって来る、と。

ちょっと不思議な話ですが、僕は充分あり得ると思いました。

お礼を言いに来る親の気持ちは、僕にもわかります。

そうやって、お金に気持ちが乗っかることだってあるはずです。

Message 25

人が好き、ただただ人が好き

「自分の機嫌を自分でとったり、心から人を応援したりできるのはなぜか？その根っこって、どこにあるのかな。俺はどうして、こんなにも人間が好きなんだろう？」

本書の原稿を書くにあたって、あらためて考えてみました。

昔から人が好きでしたし、とにかくみんな（特に野郎連中）とワイワイ、ガヤガヤするのが大好きなのは見てのとおりです。どうしてなんでしょうね。そうなった原体験を深掘りしてみたのです。

僕が片親で育ったことは書きました。さらには一人っ子だったのできょうだいがほしくてたまらなかったのも事実です。母親は毎日、仕事に忙しかったので、家に1人でいても寂しいだけ。遊び相手の友達がいないと、結局1人っきりになってしまうので、いつも1人が怖かったのを覚えています。

小学校の頃のことです。僕はほんとうに罰当たりだったんですよね。それはなぜかというと、僕が小学校1年生のときに父親が亡くなっていたでしょう。だから家に小さな仏壇があるのですが、毎朝母親から「仏壇にお茶をもって行ってね」と言われます。そしてお茶をもって行くときに必ず付け加えられます。

「ちゃんと仏壇に手を合わせなさいよ」

しかし、僕にはよくわからないわけです。手を合わせるって何だろうって。手を合わせるときって、どんなときなのかと考えて浮かんできたのが、

「そうか！　〝ありがとうございます〟と言うときに手を合わせるよなぁ」

笑えるでしょ。子ども心の発想です。僕は「ありがとう」と言えばいいんだと思い込んで、ではどうしてありがとうなのか？　と自問自答しました。そして出てきた答えが、

「『父ちゃん、ありがとう』だな。でも、なんでありがとうなんだろう……。まあ、死んでっからか」

罰当たりでしょう（笑）。子どもとはいえ、僕はお茶をあげながら、

「父ちゃん、死んでくれてありがとうございます」

ほんとうにそう言っていたんです。今思えばびっくりしますけどね。

今でこそ片親の家庭ってめずらしくありませんが、あの当時はほとんどいなくて。1学年が5~6クラスありましたが、片親は1学年で数人いるかいないかでした。そのような環境なので、近所の人たちもみんなが知っていたわけです。香取さんのところは、お父さんが亡くなっちゃって、お母さんが1人だよって。友達のお父さんやお母さんもみんな知っていました。

恐怖の夏休みを1人きりで過ごさない方法

僕にとっていちばんの恐怖は夏休みでした。ふだんは夜に1人きりでも、学校に行っている昼間は仲間がたくさんいてくれます。ところが夏休みになると、僕は学校に行かなくていいから家にぽつんといることになる。

昼間に家に1人でいてもつまらないじゃないですか。誰かと遊ばなきゃいけないから、僕は夏休み前になると友達らに聞くわけです。

「お前、どこ行くの?」

「俺、ばあちゃんちにカブトムシを捕りにいく」

「まじか、いいなぁ。俺も行きてぇな」

「そうだよな。一緒に行ったら楽しいよな。帰ったら母ちゃんに聞いてみるわ」

子どもなりの知恵です。そういう流れになると、僕が片親で母親1人で頑張っているのを近所の父兄はみんな知っていますから、

「子どもなんか1人も2人も一緒だから連れてきなさい」

となるわけですよ。次の日、学校に友達が来て、

「いいって言ってたぜ！」

「まじか！　何日から何日まで？」

そうやって予定が埋まっていくのです。

そうこうしている間に、今度は別の友達が海に行くと言います。お婆ちゃんちに行くのだとか。

「爺ちゃんと一緒に湘南の海に行くんだよ」

「海もいいな。俺も行きてぇわ」

「じゃあ、聞いてみるよ」

結局、山に行ったり、海に行ったりしているうちに、夏休みのスケジュールがキレイに決まっていくわけです。2学期が始まる9月まで超大忙し状態。

「親父が死んでくれているから、俺、こんなにいっぱいいろんなところに連れて行ってもらえるんだ。やっぱり『親父ありがとう』だよな」

手を合わせながら、心の中で感謝していました。僕は昔から友達や仲間に恵まれていたと思います。もちろん、そうは言っても気の合わない人もいましたが、基本的に人が好きでしたね。人と関わることで自分も元気になりました。

「勝つまで帰ってくるな」と父親は言った

とにかく昔から喧嘩は強くなきゃいけないと思っていたガキ大将でしたよね。

僕は小学校2年生の終わりに初めて転校を体験しました。転校して、3年生から新しい小学校に入ったときに、ちょうどテレビでボクシング漫画の『あしたのジョー』が流行っていましてね。主人公の矢吹丈《やぶきじょう》が鑑別所に入ったとき、先輩たちから「新米《しんまい》、新米っ」と呼ばれているシーンがあって、なぜかクラスのみんなから「新米っ」ってあだ名が命名されました。「新米」ってなったときに、僕の同級生だった1人が「新米って言いにくいから、シュウマイにしようぜ」と変化して、そこからあだ名がシュウマイに決定しました。

中学校もシュウマイでしたし、高校もシュウマイ。ディズニーランドに入ったとき、苗字の「香取」と呼ばれて振り向けませんでした（笑）。シュウマイに慣れていましたからね。友達みんなが自宅に電話をかけてくるときも、「もしもし、シュウマイくんのお宅ですか。シュウマイいますか？」あだ名が完全にシュウマイに変わっちゃったんですよね。

小学校3年生で転校して、転校生だとみんなが見てくるじゃないですか。やっぱり、この中で生き残っていくには、いちばん腕っぷしが強いほうがいいだろうなと思って、いちばん強そうな奴に喧嘩売りに行って、ぶっ飛ばすみたいなことを平気でやっていました。

「今日から俺がここのボスだからな」って。若気の至りです。

父親が生きているとき、まだ僕は幼少期でしたが、喧嘩して泣いて帰ってくると家に入れてくれなかったんですよね。喧嘩したらわかるじゃないですか。汚れているし、涙が流れている跡もあるし……。僕が帰って来るなり、

「お前、喧嘩したのか?」

「うん」

「どうだった? 勝ったか負けたか」

「負けた」

「なら、もう1回行ってこい。勝つまで帰ってくんな」

しょうがないから喧嘩をした相手の家に行って、ピンポン鳴らして、

「○○くん。俺、喧嘩して負けたら家に帰れないから、もう1回、喧嘩しようぜ」

「はぁ?」

みたいに呆れられて。でも、僕は父が大好きだったので、言われたことを守るように喧嘩は必ず勝つようにしていました。

「何者でもない自分」を知ること

そうやってたくさんの人たちと関わりながら、ただただ人が好きだった僕はいろいろなことを学び、吸収していくのですが、あるときふと気づいたことがありました。それは、**「何者でもない自分を知ること」**です。

特にはっきりそう思えるようになったのは、32歳で初めて本を書かせていただいたあと、その数年後の頃です。本がベストセラーとなり、あっという間に全国へと広がっていったので、随分と調子にのっていたと思います。きっと鼻の先も長く伸びていたことでしょう。

「俺が、俺が！」

「我がいちばんだ」

「俺は、すげぇんだ」

自分の名前が広がって、ちょっとした有名人になったと勝手に思っていたとき、いろいろな人が寄ってきました。錯覚ですが、僕のまわりに一緒にいれば、なんかいいことがあるんじゃないか。恩恵のひとつでも受けられるんじゃないか。お金になるんじゃないか……利用目的で寄って来る人が大勢いたのです。

そういう輩にうつつを抜かせば抜かすほど、古くからの友達や親友が1人、また1人と、僕から去っていきました。

「なんだよ、あの野郎」

まだ若かった頃、何もわかっていなかった僕は、去る者追わずで声もかけずに後ろ姿を見ていたものです。今思えば、ほんとうに恥ずかしいかぎりです。

「何者でもない自分」

人との絡みの中でどんな状況に置かれようとも、自分の軸をブラさず、いつもフラットな状態にいることの大切さ……。50代になってより一層、わかるようになりました。

人が好き、ただただ人が好き。その中から見えてくる「香取貴信」を大事にしたいと思っています。

Message 26

「ハッピーテロ」が幸せを運ぶ

「徳を積む」

人に親切にしたり、人が喜ぶことをしているうちに、それが結果として人望を得るきっかけとなったり、人間関係が豊かになったり、自分が困ったときに人から手を差し伸べられることが増えたりすることを言います。

徳を積んだ人のまわりには、いい人が集まりやすくなるとも聞きました。

それは素晴らしいことですし、何の異論もありません。そのとおりだと僕も思っています。しかし、誤解を恐れずに書くならば、僕にとっては何だか楽しくないんですよね。良いことを真面目にやることが、ちょっと窮屈に思えてしまうのです。善行をただ善行だけで表現するのが苦手なんですよね。ひねくれているのかなぁ（笑）。

例えば、先ほどお伝えしたお金の話とも関連しますが、「**人が喜ぶために使ったお金は、喜んだ人を介して、また喜びを連れて帰ってくる**」のは究極の真理だと僕は思っています。小さく小さく貯金したところで、たかが知れているでしょう。それよりも人のために大きく使おう！　やっぱり出口が大事なのです。

そこで僕なりに考えたのが「徳を積む」を香取貴信流に言い換えて、

「ハッピーテロ」

と名付けたんですね。ちょっと怪しげなネーミングでしょう。「テロ」なんて言うと拒否反応を示す人もいるかも知れません。一体、どんなことをやっているのか、一例を書きますので感じてみてください。

「ハッピーテロ」の極意は、**楽しく、さり気なく、相手を喜ばせる**ことにあります。大上段にかまえて「俺、こんな良いことをしたんだぜ」では成り立たないユーモアさ。

「えっ？　なにこれ？　どういうこと？」

仕掛けられた相手の驚きが、いつの間にか喜びに変わっていくのを遠目で眺めながら「クスッ」と微笑むというマニアックな幸せです（笑）。

2020年の春、国民1人あたり10万円が国から給付されましたよね。あのとき、我が家ではどんな会話が交わされていたのか。ちょうど新型ウィルスパンデミックが起こり始めた頃で、みんな「マスクがない、マスクが足りない」と騒ぎ始めたあたりのこと。

サーファー仲間でもある親友の櫻井《さくらい》智之《ともゆき》が「中国からマスクを輸入できるルートがある」と教えてくれました。ところが何百個も一気に購入しないとロットが合いません。

「香取さん、どうします? 買いますか?」

一瞬、う〜むと悩みました。僕のまわりでは生まれたばかりの子どもを抱えた仲間もいましたし、ちょっと重い病を患った家族のいる仲間もいたりして……。みんなマスクが必要だよなぁ、と。そこで僕は子どもたち3人を取集して家族会議を開きました。

「みんな知ってるか? 君たちは日本国民でほんとうに良かったなぁ。国から1人あたり10万円が支給されることになった。大金だよなぁ。いつも俺は、**お金は入り口ではなく出口が大事**だと教えてきたよね? みんなのお金の使い道を教えてくれ。10万円をどのように使うのか。明日、もう1回、家族でミーティングをしょう」

子どもたちは神妙な顔をしながらも、それぞれが1日中考えてくれました。そして翌日、晩ごはんを済ませたあと、再び家族会議を開きました。

「まず、俺のお金の使い道を話すね。親友の櫻井、知っているよな？　あいつからのルートで、段ボール2ケースくらいのマスクが20万円ほどで買えるらしいんだ。俺の出口はこれにしようと思う。マスクを転売するんじゃないぞ。俺はマスクを大量に購入して、それを困っている人たちに送ろうと思うんだよ。俺はタイガーマスクになりたい」

驚いた3人の顔は今でも覚えています。父ちゃん、何を言い出すんだ！　みたいな。僕は彼らの顔を見ながら、心の中でクスッと笑っていました。

「父ちゃん、小さい頃の夢が〝タイガーマスク〟になることだったんだよ。伊達《だて》直人《なおと》って知ってるか？　前に話したことあるよな？　リングの上ではタイガーマスクの伊達直人は、リングで稼いだお金をさり気なく孤児院に寄付していたんだよ。誰も『タイガーマスク＝伊達直人』とは知らないけれど、伊達直人はそうやってひた隠しにしながら、しれっと善行をしていたんだよね。今こそタイガーマスクになりたい。小包で送ると差出人は不要だからさ、マスクだけに『タイガーマスク』とロゴを貼って。差し出し人は伊達直人にしたら面白いだろ？」

最初は驚いていた子どもたちも僕の熱気にほだされたのか、

「じゃあ、僕もそれでいい」

1人が言い出すと、他の2人も顔を見合わせていました。

「君は、どうする？　自分の意志でいいんだぜ」

「あっ、私もそれでいい」

「オッケー、わかった。我が家は4人いるから1人5万円で合計20万円な。これでタイガーマスクになろう！　みんな、よく言った。残りの5万円は好きに使っていいからね」

後日、我が家に届いたマスクを小分けにして、そこにタイガーマスクのロゴを家族総出で貼り付けて荷物の準備は完了。日本全国の知り合いや親友たちに勝手に送りつけました。

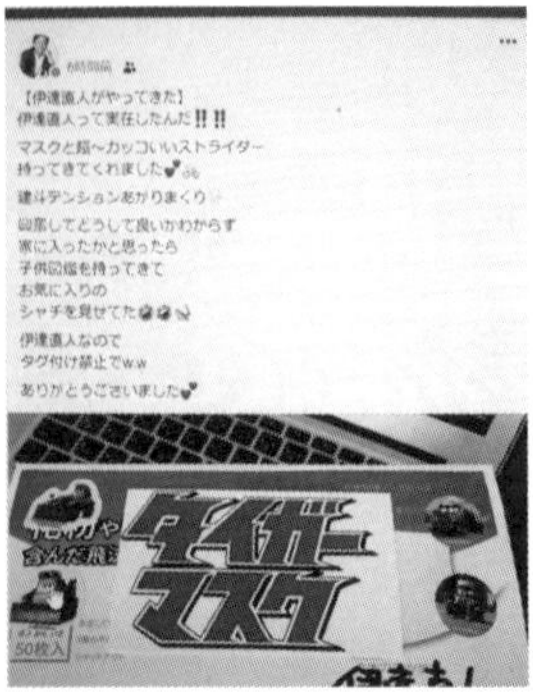
【伊達直人がやってきた】
伊達直人って実在したんだ‼‼
マスクと超~カッコいいストライダー
持ってきてくれました
家に入ったかと思ったら
子供図鑑を持ってきて
お気に入りの
シャチを見せてた
伊達直人なので
タグ付け禁止でw.w
ありがとうございました
タイガーマスク
50枚入

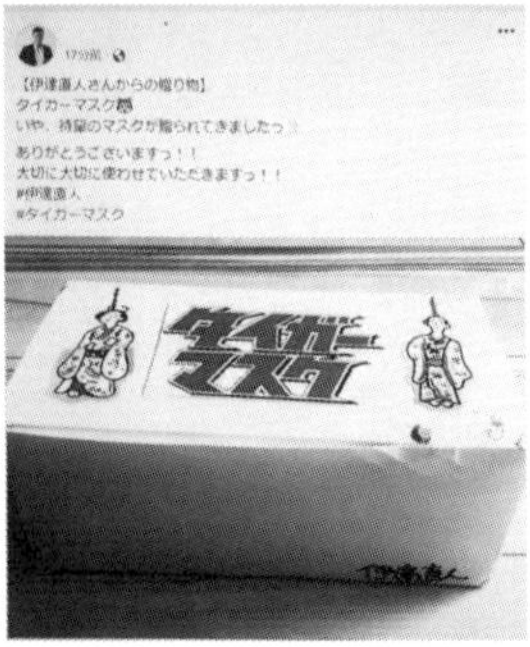
【伊達直人さんからの贈り物】
タイガーマスク
いや、待望のマスクが贈られてきましたっ
ありがとうございますっ！！
大切に大切に使わせていただきますっ！！
#伊達直人
#タイガーマスク
タイガーマスク

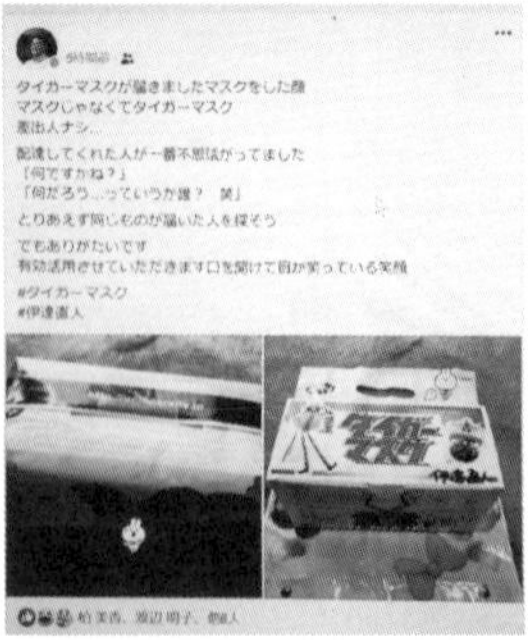
タイガーマスクが届きましたマスクをした顔
マスクじゃなくてタイガーマスク
差出人ナシ...
配達してくれた人が一番不思議がってました
「何ですかね？」
「何だろう...っていうか誰？ 笑」
とりあえず同じものが届いた人を探そう
でもありがたいです
有効活用させていただきます口を開けて目が笑っている笑顔
#タイガーマスク
#伊達直人

3時間前
本日我が家に伊達直人さんから「タイガーマスク」というマスク1箱が届きました。驚きました。ありがとうございます。大切に使わせていただきます。
タイガーマスク
あなた、櫻井智之、柴田順一郎、他194人
コメント17件 シェア1件
うけるね
シェアする

タイガーマスク

数日後、つながっている人たちのSNSがその話題でもちきりになりました。

「これさ、父ちゃんが送ったって、わかってないの？」

「あはは、きっとわかってねえわ」

なんて照れ隠しのジョークを飛ばしながら、次から次にSNSに上がってくる画像とコメントを家族みんなで見ながらニコニコしていました。

「よ〜し、来たぞ〜！　見ろ見ろ、みんな誰が送ってくれたのかわかってねえぞ、めちゃくちゃ楽しいな〜」

名付けて**「タイガーマスクプロジェクト」という名のハッピーテロ**を家族全員で決行したのです。僕は**「貯金じゃなくて貯人」**だと子どもたちに伝えました。

「どうだ？　国からいただいた大切なお金。己のために使うのもいいけれど、誰かのために使ったほうが気持ちがいいと父ちゃんは思うんだ。気分良くない？しかも、俺たちがやったって誰もわかっていない。それが面白くないか？」

ハッピーテロが大成功した現象に、家族みんなの心が温かくなりました。

たかが10円されど10円のハッピーテロ

そのほかにも、こんなことを家族でやってみました。

「自販機でジュースを買ったとき、お釣りが出るところに10円玉を1枚、入れて逃げる」

次に飲み物を買った人が、お釣りを手にしてみると10円多い（笑）。きっと、ちょっとだけ嬉しい気持ちになるでしょう。逆なら僕は「おっ、ラッキー！」となります（笑）。

これが500円になると、さすがに少し躊躇しますよね。

「誰かが500円を忘れたのかな？」

ラッキーと思う気持ち以前に、取り忘れた人のことを考えちゃうでしょう。もちろん10円だって貴重なお金ですが、ちょっとだけ得した気持ちにはさせてくれると思うのです。

「たかが10円だけど、されど10円。嬉しい気持ちになるじゃないか。みんなもジュースを買ったあとにさ、10円玉を入れておいてみろよ。そのお金が実際どうなったのかの結果は見ずに、頭の中で妄想する。**『この10円が誰かを幸せにする』**って想像するだけで、何だかワクワクしねぇか？　10円1枚で俺たちが幸せになるだろう」

人によって幸せの定義は違うでしょう。しかし、真に幸せ感を味わえるかどうかって、僕はこちらの問題だと思うんですよね。その考え方は「自分の機嫌は自分でとる」に似ているけれど、僕は日頃から子どもたちに、

「自分で自分の幸せを感じられる人」

になってほしいと思っています。小さな幸せを味わう感性があれば、きっといつか大きな幸せがやってきたときも、心から楽しむ人間になれると思うのです。

そうやって僕は、いくつもの「ハッピーテロ」を子どもたちと一緒に楽しんできました。

「クレーム」ではなくて「感謝」を伝えよう

こんなハッピーテロも実行してみました。いたずら電話だと思う人もいるかもしれませんが、決してそういうわけではありません。心からの「感謝」を行動で伝える一例です。

ジャスミン茶のペットボトルをいただいたとします。ひと口飲んだらものすごく美味しい！　そこで、僕はラベルの下に書かれていた「お客様相談室」の番号に電話をかけてみたわけです。

一般的に「お客様相談室」って、クレームをかけてくる人がほとんどだと思うんです。電話の向こうにいる係の人は、毎日たくさんのクレームを処理するのが仕事でしょう。きっと「楽しい」よりも「しんどい」ことのほうが多いはず。

そこで僕は電話をかけてみたのです。

「はい、〇〇〇のお客様相談室です」

普段なら「あのさぁ」とか「おい、お前！」なんて第一声を聞かされるところが、僕はちょっと弾んだ声でこう伝えました。

「おたくの会社のジャスミンティー、めちゃめちゃ美味しかったですよ。いや〜、あまりにも美味しいからお礼を伝えたくってさ。電話番号が書いてあったからかけてみたんですよ」

一瞬、相手が「はい？」と驚きながらも「ありがとうございます」と爽やかな声で応対してくれました。

「今日、暑かったでしょう。たまたま訪問した仕事先で出されてね。ジャスミンティーが大好きだから、あまりにも美味しくて一気飲みしたよ。これからも頑張ってくださいね。じゃあ、ありがとうございます！」

長々とは話さず、要点だけをサッと伝えます。これまでクレームを聞くことが多かった係の人も、ちょっとだけ幸せを感じてくれると思うんですよね。

僕が思ったのは、「ありがとう」を言われるより、自分が「ありがとう」を伝えたほうが幸せになるんじゃないか、ってこと。皆さんは、どう思いますか？

最初は、ただ「ありがとう」の数を上げるためにやっていたことですが、でも感謝の気持ちを言葉にして口にしているうちに、自分たちのほうが幸せになっていたんですよね。ハッピーないたずらって、そういう性質をもっていると思うのです。

「ちびさん本」というハッピーないたずら大作戦

僕が慕っている人のひとりに「てんつくマン」という先輩がいます。僕は親しみを込めて「てん兄」と呼んでいます。元お笑い芸人で、かつ書道家。いや、それだけでは収まらない、いくつもの活動をてん兄はチャレンジしてきました。

そんなてん兄が2006年に発表したのが「ちびさん本」というプロジェクトです。これは「小さなサンタクロース本」の略で、この世界から孤独感を減らしたいとの思いから始まりました。

「サンタクロースみたいに世界中の子どもたちを幸せにすることはできないけ

れど、目の前の人を元気にすることはできる」

たくさんの温かいメッセージがてんこ盛りの小さな本を、差出人がわからないように必要としている人宛に送ります。こっそり届けた人が、届いた人が喜んでいる姿を見て、にんまり楽しむ……それが醍醐味。

最初にスタートしてから16年が過ぎた2022年の8月。この「ちびさん本」が大復活して再び配られるようになりました。僕もさっそく活動に協力して、何冊も送っています。もちろん、差出人がわからないように。

「おきもちとどきました。」

どんな内容かはネタバレになるので書けませんが、「ハッピーテロ」の極みだと思います。こうやって小さな幸せを届けることで、自分も幸せ感が増していく活動は、これからも大切にしていきたいと思っています。

※「ちびさん本」の詳細は、こちらです ↓

身におこることはハッピーのもと

エピソード4

光らせる人たちへ

Message 27

仲間を応援していると絆が深まり同志になる

エピソード2の「**アホになること**」（P104）でも書きましたが、一生付き合える仲間って、いきなりできるものではありません。僕の場合だと、ご縁があって出会い、「こいつすげぇなぁ」と尊敬の気持ちが湧いてきて応援したくなる。すると少しずつ応援しているうちに絆も深まって、その絆がさらにしっかりしてくると「**同志**」**になる**わけです。同志になると一生付き合える仲間になりやすいもの。

同じ日本語の音で「**同士**」ってありますよね。よく「同志と同士って、どう違うんですか？」と聞かれますが、これ、一見同じように見えて、意味合いは全然違います。

例えば、「同士」とは、気の合った仲間だったり、いつもつるむ〝男同士〟のときにも使いますよね。または、たまたま席が〝隣同士〟とかね。〝恋人同士〟の場合も、こっちの「士」を使うでしょう。

これに対して「同志」では、同じ理想や目的、主義や主張が同じで、字のごとく「**志**」**を同じくする者**を呼ぶときに使います。僕が、

「こいつ、すげぇな。応援したいな。光らせたい！」

そう思うときは「同志」なんですよね。もちろん、互いにやっていることや表現する内容は違うんです。でも、そいつが何かをやった先に、人を喜ばせたり、楽しませたりする姿がイメージできると、

「こいつ、俺と一緒じゃん！」

そんな気持ちが強くなって、仲間意識や応援力が高まってくるんです。それが「同志」になる入口みたいなもんなんですねぇ。

僕は、いったん「応援したい」と心に決めると、いろいろなところでその人のことを話したり、僕が登壇したりするような場にその人を引っ張り出します。時には自分の持ち時間の半分を応援したいその人のために使って、みんなの前で話をしてもらったりしました。

そんなとき、僕はどんな気持ちになるのか？

「こいつ、ほんとうにすげぇんだぜ。どんだけすごいのか知ってくれよ！」

まるで、子どもが、自分が見つけたすごいものをまわりの人たちに話さずには

いられなくなるような、とにかくドキドキ、ワクワクしながら紹介したくなります。**「ちょっと見てよ！　知ってよ！」**みたいに、ただひたすらその人の存在を他の人たちに伝えたくなっちゃうんですよねぇ。

「どうして香取さんは、そんなに人のことを応援したくなるんですか？」

よく聞かれる質問ですが、自分でもよくわかんないんです……。もしかしたら僕が**「エンターテイメント好き」**だからでしょうか（笑）。とにかく人に喜んでほしいし、楽しんでほしい。10代からディズニーランドで働くご縁ができて、そこで学ばせていただいたことと、自分自身が本来もっていたものが、きっちり重なっているからなんじゃないかなぁと思います。それは、僕自身の気質でもあると自分では感じています。

これまで僕が応援してきた同志をご紹介しようと思います。
僕がその人の何に「すげぇ」と思い、どう動いたのか。
少しでも感じていただけたら嬉しいです。

Message 28

付き合った
時間の長さが
絆の深さじゃ
ないよね

僕の親友・**加賀屋克美**《かがやかつみ》**くん**は、ディズニーランドで一緒に働いた同僚というよりも、今の自分にはなくてはならない、いつも横にいてくれる最も信頼できる同志です。これまで彼のすごさをずっと近くで見てきて、その探究心というか、行動力に、僕はどうしても負けを認めたくなくて、最初は勝手にライバルだと思っていました。

そんな彼と、もう34年も付き合い、互いに応援し合う間に、ほんとうのすごさを身に染みて感じるようになりました。僕が加賀屋を光らせるように応援すると彼が光り、その光を受けた僕自身が今度は光り出す。自分で言うのも何ですが、そんな相互関係を加賀屋とは築いてきたと思います。

加賀屋が、ディズニーストアのインターンシッププログラムの試験に見事合格して本場アメリカのストアに勤務し始めたとき、僕はディズニーランドを卒業して、もっと他のエンターテイメントを学びたくて宮崎県にあった「シーガイア」で働き始めたのです。

「アメリカで頑張っている加賀屋を応援しに行こう！」

仲間みんなが言っているのを僕は正直認めたくなかったんです……。

「あいつはアメリカでやっていて、こっちは日本の宮崎か。俺は何をやっているんだろう。このままだとあいつに負けてしまう」

アホですよね。そんな対抗心を燃やして。「アメリカに一緒に行こう」と誘われましたが、光っているあいつを見るのが嫌で、ショックを受ける自分が怖くて、何だかんだと理由をつけて行きませんでした。28歳くらいのときです。

加賀屋がアメリカで実践していた「カガヤスペシャル」

後日、アメリカに行った元上司が帰国してから僕を飲みに誘ってくれました。

「きっと加賀屋の話をするんだろうなぁ。あいつがどれだけすごかったのかを聞かされるのは死ぬほど嫌だな。そんな話なんて聞きたくねえ」

とことん、ひねくれていた当時の僕は、そんなことを考えていました。しかし、強引な誘いに断れなくて、しかたなく待ち合わせのお店へ。案の定、**「加賀屋はすごかったよ」**の連発。そんな話を適当に相槌しながらかわし、その場をやり過ごそうとしている自分がいたんです。元上司は話を続けました。

「俺、びっくりしたのはさ。あいつが働いているところをちょっと見てやろうと思ったときのこと。あいつが仕事に行ったあと、みんなと遊んでいた俺は、『ちょっと行くところがあるから』と1人で加賀屋が働いているお店に行ったんだよ。

そしたら、あいつ、いったい何をしていたと思う？　ぬいぐるみコーナーだったんだけど、地べたに四つん這《ば》いになって、お馬さんになってさ。『カモン！』って言いながら外国人の子どもを自分の背中に乗せているんだよ。ケツはひっぱ叩かれるわ、コスチュームは引っ張られ、髪の毛はぐしゃぐしゃにされるわ。それでもニコニコしながら『ヒヒーン！』って言いながらさ、やってんだよ。俺、見ちゃいけないものを見たと思ってね。『やばい。なんでこんなところを見に来ちゃったんだろ』と思ったよ」

そのときの僕は、心の中では「すげぇ」と思いながらも、それを素直に表現することができない……器の小さな自分がジャマをしていました。

「それから数時間後、事情を聞こうと思って加賀屋をホテルに呼び出したんだよ。『加賀屋、実はなぁ俺、内緒でお前が働く店に行ったんだよ……。お前、四つん這いになって、外国人の子どもにすげぇことにされてたな。あれを見ちゃったよ』そう言ったら、あいつはなんて言ったと思う？　加賀屋は『ははは！』って笑いながら、

『いや、見られちゃいましたか！　カガヤスペシャル！』

『カガヤスペシャルってなんだ？』

『実はアメリカという国は自由の国なんですけど、やっぱり差別というものがどうしてもあって。それはわかっていたんですが……。僕も僕で担当の売上を上げないといけないから』と」

アメリカのディズニーランドのネームタグ（名札）には、出身国が入るんです。加賀屋くんのタグには、「Ｊａｐａｎ」と入る。「Ｊａｐａｎカガヤ」って入っていると、**「こいつ、日本人か」**となって、彼から物を買ってくれないわけです。

これじゃ、売上が上がらない……そう思って考え出したのが、子どもと仲良くなることでした。子どもと仲良くなれば、その親は認めてくれるんじゃないか。それで、子どもたちを乗せて「ヒヒーン！」と言いながら遊んで仲良くしている姿を見せて、自分の売り上げを伸ばそうと考えたのでした。

「だから、加賀屋はこう言ったんだよ。『**あれはカガヤスペシャルなんですよ！ははは！　恥ずかしいところを見られちゃいました！**』って笑い飛ばしていたぜ。俺はその話を聞いて、いくら夢とはいえ、夢を実現させるためとはいえ、そこまでできる加賀屋は、ほんとうにすげぇと思ったんだよ。お前、どう思う？」

「お前、いい加減にしろよ！」と激怒された瞬間

僕は、心の中では「まじか。そこまでするのか。すげぇな」って思っていましたが、それを「すげぇ」って認めたら、俺が俺でなくなっちゃう気がして。俺が負けを認めたことになっちゃう気がして。そこで変に意地を張って、言ってはいけない一言を言ってしまいました。

「俺だって、アメリカに行ってたら同じくらいのことはできますよ」

もちろん、できるわけありません。しかし、突っ張っていた僕の口からは、その言葉が出てしまいました。次の瞬間、元上司が机をバン！って叩き、ものすごい形相で僕の胸ぐらをつかみながら言いました。

「なんだ、お前、それ？　誰でも口ではそんなこと言えるんだよ‼　お前、加賀屋がどんな思いをしてるのかわかんないから、そんなことを言えるんだよ（怒）。加賀屋はお前の親友じゃねぇのか？　あいつが夢を叶えて頑張っている姿を、どうして素直に喜べねぇんだ？　今のお前はほんと、かっこ悪いぞ！　友達の成功を一緒になって喜べるのが最高の仲間なんじゃねぇのか！」

上司の言葉が痛烈に僕の心の中に突き刺りました。

「加賀屋には加賀屋の素晴らしさがある。お前にはお前の素晴らしさがある。同じところで戦う必要はないんだよ。お互いに、それを認めればいいじゃねぇか。すげぇやつを素直にすげぇって認められるやつが、ほんとうにすげぇと思うぞ」

確かに、あのときの僕は、とてもかっこ悪かったと思います。

今更ながら素直になれた瞬間でした。

それからしばらく時間を空けて、1年半もアメリカにいた加賀屋に会いに行きました。心から謝りたいと思って……。

「ごめん。俺、意地張ってたよ。ほんとうは行ったあと、すぐに行こうと思ったんだけどよ。俺、変なところで意地を張って行けなかったんだよな。夢を叶えて光っているお前の姿を見るのが死ぬほど嫌だった。だからごめん。意地張ってあのとき行けなくてさ」

そんな僕の気持ちを聞いて、加賀屋は泣きながら「わかってたよ」って言ってくれました。そこから僕たちの絆が深まった気がします。

友情って、付き合った時間の長さじゃないと思うんです。長い時間を一緒にいるからって、友情や絆が深くなるわけじゃない。どれだけ素直に相手のことを想えるか……それが大切だと実感しています。

Message 29

やるならとことん
突き抜けろ！

僕は処女作『**社会人として大切なことはみんなディズニーランドで教わった**』を2002年に出版していただいたあと、2004年4月に独立して自分の会社「有限会社香取感動マネジメント」を設立しました。

世の中に自分の著書が出たあと、ほんとうにいろいろなご縁をいただいたことはプロローグに書いたとおりですが、そのとき加賀屋もいくつかの企業で体験を積みながら、独自の世界観を築き始めていました。

加賀屋の世界観……それは「**ディズニーの知識のすごさ**」です。

当時の彼は「ディズニーオタク」とみんなから呼ばれていて、それなりの注目度は高かったのですが、何となく馬鹿にされているような感じというか、軽く扱われるような感じというか。僕はいつも一緒にいて「こいつ、すごいな」って思っていましたが、だからこそ「なんで、こんなすごいやつがフィーチャーされないんだろう」って感じていました。

加賀屋は、ディズニーが大好きすぎて、もっているグッズの量もハンパないんですが、例えば**キャラクターの誕生日**を全部言えたりするんですよね。すべて言える。全部を丸暗記しているようなのです。

「加賀屋、ミッキーマウスの誕生日っていつなの？」

「ああ、ミッキーは11月18日だよ。正確に言うなら１９２８年生まれ」

「えっ？　なんでその日なんだよ？」

「ミッキーが初めてディズニーのアニメーション映画に登場したのが１９２８年11月18日だからだよ。映画のタイトルは『蒸気船ウィリー』」

「お前、すげぇな～」

「ちなみに、ミニーマウスも同じ誕生日なんだよ」

ほんとうに、スルスル、スルスルと口から出てくるから驚きです。

「じゃぁ、ドナルドダッグと一緒に出てくる女の子は？」

「ああ、デイジーダッグのこと？　１９３７年1月9日。短編アニメーション映画『ドナルドのメキシカン・ドライブ』でスクリーンデビューしたんだよね」

さらには名前と誕生日だけでなく、その映画でどんな役回りだったとか、どんなセリフを言っているとか、超マニアックなネタがいっぱい出てきます。いきなりしゃべり出すので、一緒にいた人たちはみんな、ポカーンと口を開けっ放しです（笑）。

僕の本がたくさん読まれて、全国から講演の依頼が殺到したとき、

「ディズニー＝香取貴信」

そんなふうに思われることが多かったのですが、僕の中では、

「いやいや、俺が知っているディズニーなんてごく一部ですよ。それよりも加賀屋克美のほうがすごいって！」

僕よりも全然すげぇのに、加賀屋に日が当たらないのは何でなんだろう……。

少しずつ加賀屋をどうやってみんなに知ってもらうのがいいのかを考えるようになりました。**どうやって光らせようかな、**と。

ところがある日、信じられないような出来事が起きて、僕の加賀屋を応援するアクセルは、一気に踏み込まれたのでした。

「オタクを超えて博士になれ！」と加賀屋を光らせた

あるとき、有名なテレビ番組の企画で、ディズニーに詳しい人を募ってチャンピオンを決める特番が組まれました。「出演者募集」を知った加賀屋は自分から応募したのですが、出演者を決める予選で、どんな質問が出ても彼が満点を取ったそうなのです。圧倒的に知識量や情報量が他のエントリー者よりもすごかった。

ところが番組のスタッフが加賀屋をつかまえて、こう言ったそうなのです。

「加賀屋さんは、すごい知識をもっているんだけど、全部答えられちゃうので、テレビ的には番組が成り立たない。よって辞退してください」

びっくりでしょう。出す質問を全部答えられたら、テレビ的にはまったく面白くないわけです。本人も残念がっていましたが、根が優しい加賀屋はグチひとつ言わない。僕はそんな加賀屋のお尻に火をつけてやろうと、自分の講演でもどんどん加賀屋のことを宣伝しまくりました。

そうこうしている2005年の4月。感動経営コンサルティングの会社として、彼が「有限会社加賀屋感動ストアーマネージメント（現・株式会社D研究所）」を立ち上げました。そのとき徹底的に2人で話し合いました。

「お前もさ、本を書いて、講演活動もしろよ。いいか、加賀屋。今は『ディズニー＝香取』になっているけれども、本当は**『ディズニー＝加賀屋』**のほうが正解だろ。だけど、今のままだとオタクで終わる。だからオタクを超えて博士になれよ。圧倒的な知識量を武器に〝博士〟になれば、ぶっちぎりで一目置かれる。そのためには何が必要かわかるか」

「……う～ん、わからない」

「いいか、徹底的に数を調べろ。数だよ、数！」

当時、あいつがいちばんもっている知識は、自分の興味のあることが中心でした。グッズの内容とかキャラクターに関することとか。でも、それだとビジネスとしてはあまり使えません。僕は、すでにコンサルタントもしていたので、そのために必要なビジネス的なことを独立前に在籍していた会社で、たくさん勉強させられたんですよね。

ディズニーを卒業してコンサルタント会社に入社したとき、とにかく自分が知らないことだらけでした。例えば一例を挙げるとトイレ。ディズニーランド内の「ファンタジーランド」にトイレがありますが、

「そのトイレの中に、男性用の便器の数はいくつあるんですか？」

って、いきなり聞かれても、わからないわけです。「そんなこと知らねぇわ」みたいな。

「これは、コンサルとして成り立たないぞ」

上司から散々言われました。

「ただ、遊びに行くんじゃない。お客様目線で現場を見られるかどうか。お客様として調べられるものは、全部調べられるだろ？　数を全部調べろ。それが全部わかってきたときに『なぜ、入場者数が６５０００人以上、入っちゃダメなのかという仮説が立てられる」

なるほどな、と思いました。僕はスタッフとして、アトラクションでお客様に

楽しんでいただけることを中心に考えて仕事をしていました。ところが、お客様目線で考えるなら、**何が、どこに、どれだけあるのか？**　その数から新しいサービスだけでなく、お客様心理の立場に寄せた様々なアドバイスができる。

だから僕は加賀屋にもそのことを伝えました。

「加賀屋。お前、ディズニーランドが大好きだから毎日のように行っているだろ？　そんなオタクは山ほどいるよ。ごまんといる。だけどオタクの中で、男性用のトイレの便器の数は何個あるかって答えられるやつは、きっといないだろ。『ファンタジーランド』にあるパラソルの数は何本ですか？　2人掛けのベンチは何個あって4人掛けのベンチは何個あるんですか？　いいか、これを答えられるやつはいないはずだ。でも、お前が毎日行って数えようと思ったら、いくらでも数えられるだろ。だから、そういうことをたくさん知っているのが、つまりは博士になれる近道なんだよ」

加賀屋は真剣に話を聞いてくれました。とにかく、こいつを光らせたい！

もう加賀屋をバカになんてさせない。

Message 30

光らせる人の「光の種」を紡ぐ

「お前、遊びに行ったら、数えられるものは全部数えろ。ただ単に行って『ディズニーランド面白い！』『ディズニー大好き！』で帰ってきたら、それはオタクで終わっちまう。そうじゃない。**オタクを超えて博士になるためには、数えられる数は全部覚えておけ。**でも、それを自慢げに言っちゃダメだぞ。『実はファンタジーランドには2人掛けのベンチが何個ありまして！』と言いたくなると思うけど、絶対に言うな。博士はね、そういうことを簡単にはひけらかさないんだよ。でも、知っている。何かのタイミングで、その知識を表現するときがやってくる」

オタクから博士へ。それから加賀屋は変わりました。本を書き、少しずつ講演活動も増えていきました。

「カガヤさんって、ディズニーのことだったら何でも知っているんですよね？」

「はい、そうです」

「じゃあ、ファンタジーランドに2人掛けのベンチはいくつあるんですか？」

「ああ、季節によっても違うんですけど、全部で40何個ありましたよ。繁忙期になると、そのベンチは通路のジャマになるので、数を減らして調整します」

というふうに。その話を聞いた人の驚いた顔をイメージします。

「これ、全部知っているんですか？」

「実は、僕、東京ディズニーランドに毎日行っているんですよ。自宅も近くなので。それで毎日、写真も撮っています」

「見せてください」

人は圧倒的な数に尊敬の気持ちを抱くもの。そうしたら加賀屋は、サッと写真のアルバムを開いて、さり気なく説明するわけです。

「ほら。これがですね、ベンチです」

『ベンチ』とタイトルを付けたアルバムがあって、そこにはいろいろなベンチの写真がいっぱい入っています。

「ファンタジーランドはこの種類ですね」

「ゴミ箱は？」

「ちょっと待ってくださいね〜」

ゴミ箱ばかりを撮影してストックしたアルバムを出します。

加賀屋は、東京ディズニーランドの中を彼の視点から案内するツアーも自分で企画していますから、たとえ自分がお客様として行っても、写真を撮ったりとか、数を数えたりすることができるわけです。

毎日、毎日、行っていたら、いろいろなものの数が微妙に変わっていることにも気づけます。それは、先ほどのベンチの数もそうですが、季節によって変わるお花の場合だってあるでしょう。とことん調べようと思ったら、いくらでも調べようがあるものです。

「それを徹底的に調べてごらん。その情報をもっていたら、お前は本当に博士になれるよ。ディズニーオタクと言っても、みんなは振り向いてくれない。お前が『ディズニー博士＝加賀屋克美』になれば、それが強みとなってブランドになる」

僕は、それこそが加賀屋を光らせるための「種」だと確信しました。

2022年６月、香取貴信生誕祭にて（於：佐一郎屋敷）

エピローグ
やっと気づけた自分の使命

20年ぶりに本の原稿を書きながら、これまで自分の身に起こったこと、今現在のこと、そしてこれからのことなど、いろいろなビジョンが頭の中を巡りました。そんなことを考えていると、ふと気づけたことがいくつかあったのです。

ひとつは、**人が光っていく**……ということです。

今回、「光らせる人が光る人」というテーマをいただいて本の制作が始まりましたが、正直なところ、最初はあまりピンっときていませんでした……。

というよりも〝光らせる人が光る人〟という言葉を教えていただいたのは伊勢修養団の中山《なかやま》靖《やす》雄《お》先生の言葉だったので、自分がそんな大それたテーマで書いていいのか……はたして書き上げられるのか……。

「人の応援はたくさんしてきたけれど、〃**人を光らせる**〃って、オレ、そんな大層なことやってきたのかなぁ？」

いざ自分のことになると、よくわからなくなる自分がいます。

それでもいろいろと考えていくうちに、横展開の人を光らせることで光ることが見えてきました。それは、慕ってくれる後輩や若い世代の人たちにアドバイスをしているうちに、彼らが活動するにしたがって、どんどん光っていく姿を見てきたからです。

すると、面白い現象が起きます。**その人たちのまわりが、どんどん笑顔であふれて明るくなっていくにつれ、張本人たちも同じように、いや、それ以上に光っていくんですよね。**

「ああ、こういうことなのか」って。逆を思えば、後輩や若い世代の人たちが光れば光るほど、僕自身もワクワクが増えて光っている……光の循環は確かに起こっていたのです。

コレが自分のまわりにいる仲間や大切な同志を応援し、光らせることで自分自身も光輝く「投げた球が返ってくる」横展開の光らせる人でした。

でも何か足りないと思っていました……。

そう考えているとき、ふと思ったのが、縦のつながりでした。自分のルーツを喜ばせること、つまり**「ご先祖様大フィーバー」**です。

人は二度死ぬと聞いたことがあります。魂が肉体から離れる死と、人々の記憶からいなくなる死。それなら、ひい爺ちゃんやひい婆ちゃんの名前を呼んで手を合わせたら、きっとご先祖さまが光るのではないかと。

縦のつながりを光らせることできっと僕ら子孫も光ります。逆に言うなら、ここをなくして光り続けるのはムリじゃないかと思ったとき、すべてがつながり、ようやく本書のタイトルも腑に落ちました。

頭を悩ませたり、心が苦しくなったりする出来事は日常茶飯事に起きますが、**少しでも光る人が増えてくれれば、光は連鎖し、循環し合って、どんどん増えて**

いくはずです。

そんな「光」を生み出すためにも、自分自身がどんな人間であればいいのか考えました。そのような問いの答えとなったのが、次の言葉でした。

「自分の機嫌は自分でとる」

それが大前提。その大切さに気づいたとき、本書に1本の軸がとおりました。背骨みたいなものですね。それができない人が人を光らせるなんておこがましいし、無理な話だよなぁ……それくらい自分の機嫌を自分でとるのは鉄則だと感じています。ナニメン（吉井雅之さん）が教えてくれました。**「成功者は不幸に鈍感で、幸せに敏感」**なんだと。きっと、それがご機嫌でいることです。

そして、もうひとつ**「自分の使命」について。役割**と言い換えてもいいかもしれません。僕はやっとわかったんです。どうして自分が若い頃にやんちゃをして、出来損ないのまま、なぜディズニーランドで働くようになったのか。

プロローグにも書きましたが、僕はずっと自分が何者なのかを探してきました。

いったい何ができる人間なんだろうって、自分にできることが何なのかが知りたくて、ずっと考えてきたのです。

僕はディズニーランドで覚醒しました。それは確かなことだけど、誤解を恐れずに書くなら、ディズニー博士の加賀屋くんみたいに、僕はディズニーランドが大好きなわけではありません。ディズニーランドに特別な思いを抱いてきたわけでもない。ウォルト・ディズニーは今でも尊敬していますが、ディズニーランドそのものは、僕にとっては「働く場所」でした。

でも、すごく大切なことを教えてもらえたことはわかります。それは……、

「エンターテイメントを学ぶこと」

真面目なことを真面目に伝えても伝わらない。正しいことを正しく伝えても人はなかなか変わらないものです。人が変わるのって、**正しいことではなく楽しいこと**なんだと思うんです。

僕がなぜディズニーランドに行ったのか？　お客様に対して、正しさの中にある正しさをお伝えしていくのですが、それを**パフォーマンスひとつで「楽しさ」**

に変えていく場所なんですよね。僕はそれを学びに行ったと思うんです。

本書でも書かせていただいた「ご先祖様大フィーバー」にしても「ハッピーテロ」にしても、ようはエンターテインメントです。ご先祖様に対して正しく伝えようと思ったら「先祖供養しなさい」ですよね。ハッピーテロなら「陰徳を積む」になるのかな。でも、それじゃ人は楽しめない。

僕みたいな出来損ないが、どうしてディズニーランドに行きついて、そこを離れてからも「ディズニーランドの香取貴信」で受け入れていただけたかって、ひと言これしかありません。

「エンターテイメントを覚えて、人様が楽しめるような表現で伝えろ!!」

そうか、そうだったのか。正しいことを正しく伝えるんじゃなくて、**正しいことを楽しく伝えること**によって人に影響を与えていく……楽しさがあれば、みんな変わっていけると思うのです。エンターテイメント的な発想力を身につけるために、僕はあの場所（ディズニーランド）に行かされていたんだ、と。

ツイてるツイてないは、いったい何がツイてるのか？

僕は運だと思っていましたが、調べてみると、それは自分の後ろに付いてくれている人たちのことだそうです。私たちを守ってくれている人たち、いわばご先祖様がついているのか、ついていないのかなのだと。

いつも後ろで見守ってくれている人たちの名前を呼んで、その方たちが喜ぶような生き方をする。それは自分のまわりの人を喜ばすこと。そして、いつもご機嫌でいること。そうすることで光らせる人となり、光る人になります。

先ずは、ひい爺ちゃんとひい婆ちゃんまでの8人の名前を調べて、毎朝下心満載（笑）でかまわないので手を合わせ心の中で名前を呼んでみてください。

そして自分自身をご機嫌にさせるために相手を使ってハッピーテロを仕掛けてみてください。きっとご機嫌でいられます（笑）。

最後まで読んでくださりありがとうございます。そして今回このテーマで本を企画して編集してくださった鈴木七沖さんには、ほんとうに感謝しています。おかげで**新しい香取貴信**を見つけることができました。

今回の本を創るにあたってたくさんの人たちが応援してくれました。いつも側で応援してくれる僕の大事な人、大事な仲間、大事な同志、そして大切な子どもたち。名前を挙げたらきりがないくらい、たくさんの人たちのおかげで今がありかます。

この場を借りて感謝申し上げます。ほんとうにありがとうございます。

そしてこれからもアホで元気で前向きで、ＧＯＫＩＧＥＮに生きま〜す。

ソウルサーファー
香取貴信

ソウルサーファーからのおまけ

「キセキはこうして突然訪れる……」

自分の歌に自信をなくして、「もう人前で歌うのはやめよう」と思っていた1人のシンガーソングライターがいました。アーティスト名は〝**にっくん**〟。

「俺は歌も上手くないし、上手に演奏できるわけでもない。こんな自分がアーティストとしてやっていけるわけがない。もう歌うことをやめてしまおう……」

そんな彼が、たまたま2022年6月末日に沖縄で開催された、てんつくマン主催の合宿で歌うことになりました。あとで聞いたところによると、

「人前で歌うのはこれを最後にしよう」

そんな決心をしてステージに立ったんだと。

「人前で歌うなんて何年ぶりだろうか……。コロナでリアルなライブもできなくなって3年。ギターのコードを押さえる指が震える。たくさんの人に注目される

ステージで、緊張で口の中はカラカラになり、声もかすれ上手く出ないかもしれない。心臓は今にも飛び出すんじゃないかとドキドキが止まらない。刻む鼓動も早くなる……。上手く歌えるのか。俺の歌なんて、聞いてくれて共感してくれる人なんていないるのか……」

しかし、**必要な人にはベストなタイミングで自分の乗る波が来る**んだよね。

人前で歌うのはこれを最後にしようと密かに決めて歌わせてもらった合宿でキセキは起きた。

不安な気持ちで始まった、小さな小さなステージでした。集まった合宿メンバーが注目する中で緊張しながら、思い切ってギターを鳴らすにっくん。ほんとうは逃げ出したい自分を奮い立たせ、「これが最後だ」と歌い出した。

「会場の反応は悪くない……。

っていうか、むしろみんなが温かい表情で聴いてくれてる。

ドキドキしながら客席を見ると、会場のいちばん後ろで、全身全霊で俺の歌を聴いてくれ、すべてを肯定しながら包み込むような表情で、特別に聴いてくれている人がいた。香取の兄貴だった……。言葉ではなく全身から『**いいねぇ〜最幸だよ**』って兄貴の心の声が聞こえてくるようだった。

集まった合宿メンバーからも全肯定されているような温かい空気感。不思議と『ここにいて歌っていいよ』って、『歌ってくれてありがとう』って、感動して涙まで流してくれる人もいる。最幸のステージ。すべて歌い終わった。これが最後と決めたはずの自分の中ではラストステージ……。

すると、客席から立ち上がり、すぐさま駆け寄って、俺を強く抱きしめてくれる人がいた。

『**にっくんの歌、最幸だったよ**』

そんな言葉をかけてくれたは、この合宿で初めてリアルに会った崔燎平さんだった。燎平さんが駆け寄ってきて抱きしめてくれたときの、その温かさとあふれてくるような安心感……。

夢をもって歌を始めたけど……。そう簡単な世界じゃないってわかってるはずだった。自分では信じられなかった可能性と、まったく見えなかった未来。

だけど…… 自分が信じてないのに 自分以上に自分の可能性や未来の力を信じてくれる人に出会えた。希望ってこういうことなんだって感じた。こんな自分でも自分の未来の可能性に希望をもっていいんだよって。他人と比べたら決して上手くないかも知れないけど、そんな小さなことなんてどうでもいい。自分は自分のままでいいんだ。ありのままの自分で誰かを応援したい。あの合宿で出逢った人たちが僕に希望をくれたように……。

全力で自分の歌で、誰かを応援したい。一度は諦めかけたこの歌だけど、誰かに希望をもってもらえるような、そんな**応援家になろうと決めた**」

にっくんの最後のステージは、生まれ変わるためのネクストステージになった。キセキは希望に変わり「**唄う応援家にっくん**」が誕生したんだ。そして、そのにっくんが香取貴信の応援歌をつくってくれました。その歌を聴いたとき、まさしく本の内容にぴったりの歌だったんです。読んでくれたみんなに届けます。

ぜひP223のQRコードをスキャンして、曲を聴きながら本を読んでください。

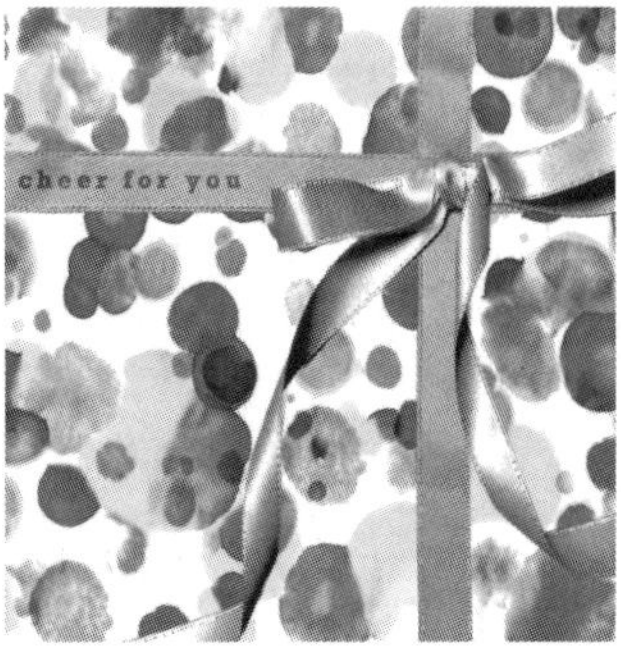

『Go for it』

作詞・作曲：にっくん

Ride on Time　乗り遅れんな　きみの目の前のきみだけの波
Go for it.　飛び込んでみな　きみを絶対１人にしないから

おっはよう　東の空の向こう　今日も照らしていく太陽
少しずつ　今日に染まってく　空や海や波
不安になって　弱気になって　それでも前へ　視線を向けるきみへ
オレはいつも　誇りに思っているよ

1.2.3 Da　元気があればなんでもできるさ
1.2.3 Da　いつも心にほほえみを

Ride on Time　乗り遅れんな　きみの目の前のきみだけの波

Allright　心配すんな　きみはいつだって１人じゃない

Don't cry　クヨクヨすんな　笑ってりゃまたくる次の波

Go for it.　飛び込んでみな　きみを絶対１人にしないから

今日も　アホに元気に　オタクに前向きにいこう

光らせる　ひとが光ってく　そして笑ってる

ご機嫌になって　面白い方へ　そして誰かへ　幸せないたずらを

サンタのように　ワクワクしようよ

Hold on tight　大切にしな　きみの目の前の大切な人

Allright　そう忘れんな　きみはいつだって１人じゃない

Don't Lie　素直になんな　黙ってりゃ見えないその想い

Go for it.　勇気を出しな　きみを絶対１人にしないから

だれかの成功が　じぶんの成功で

毎日が初演で　クライマックスで

体を向けて　その目合わせて　ココロ音合わせて

ハートコンタクト

Ride on Time　乗り遅れんな　きみの目の前のきみだけの波

Allright　心配すんな　きみはいつだって１人じゃない

Don‘t cry　クヨクヨすんな　笑ってりゃまたくる次の波

Go for it.　飛び込んでみな　きみを絶対１人にしないから

◎URL　http://cheers.nikuns.com/goforit

香取貴信　Takanobu Katori

1971年、東京生まれ。作家、ソウルサーファー。16歳のときにアルバイトで入った東京ディズニーランドに魅了され、そのまま1987年に株式会社オリエンタルランドの準社員となる。シンデレラ城ミステリーツアー、ジャングルクルーズ、グランドサーキットレースウェイ、イッツアスモールワールドなど主にアトラクションを担当する。1992年に「Spirit of 東京 DisneyLand」を受賞。1995年、株式会社シュウ研究所に入社。文化施設事業部に配属され、コンサルタントやマネジメントなどの基本を学ぶ。2002年に発表した処女作『社会人として大切なことはみんなディズニーランドで教わった』が大ベストセラーとなって一気に講演活動が始まる。2004年に有限会社香取感動マネジメントを設立して代表取締役となる。以後は、企業や教育機関、行政、医療機関など様々な業種の方たちを対象に講演およびセミナーを実施。

◎香取貴信公式サイト
https://www.e-storybank.com/　https://lit.link/katori

光らせる人が光る人

発行日　2023年2月25日　第1刷発行

著　者　香取貴信
発行者　清田名人
発行所　株式会社内外出版社
〒110-8578 東京都台東区東上野2-1-11
電話 03-5830-0368（企画販売局）　電話 03-5830-0237（編集部）
https://www.naigai-p.co.jp
印刷・製本　中央精版印刷株式会社

ISBN 978-4-86257-649-1 C0095